人脈策略術

打造關係資本的十五堂智慧課

周晴安 著

STRATEGIC NETWORKING

想拓展人脈，卻總覺得關係難以深入？
打造不是點頭之交、而是真正願意為你出手的信任圈！

目錄

序言　當關係成為資產，你準備好讓信任自動運作了嗎？　005

第一章　認識人脈的本質　009

第二章　從內在出發的連結力　033

第三章　開啟人脈的主動權　057

第四章　建立持久且互利的人脈關係　081

第五章　擴散影響力的人脈槓桿　105

第六章　放大信任的人脈複利　129

第七章　形塑信任文化的領導思維　153

第八章　建立共生的人脈網絡　175

第九章　精準經營的人脈判讀術　199

目錄

第十章　夥伴式關係的經營關鍵　　223

第十一章　信任複利的網絡效應　　247

第十二章　建立你的人脈吸引場域　　269

第十三章　穩定輸出的節奏策略　　295

第十四章　線上互動與數位信任工程　　321

第十五章　人脈系統的長期資產化策略　　347

後記　關係不是擁有，而是設計出讓彼此願意留下的場域　　373

附錄　《人脈策略術》英文專有名詞彙整　　377

序言
當關係成為資產，
你準備好讓信任自動運作了嗎？

◎**你以為人脈是加好友，真正厲害的是加上價值轉化設計**

你是否曾在職場遇過這樣的時刻──

你辛苦經營工作成果，卻總是有人比你更快拿到機會；

你努力投遞企劃，卻發現真正被選上的人只是因為「有人幫他說了一句話」；

你參加再多活動，交換再多名片，關係卻始終停在「點頭之交」？

如果你有類似經驗，那麼恭喜你來對地方了。

我們的時代，從工業化邏輯進入數位連結邏輯，「人脈」這兩個字，也早已不是「認識誰」這麼簡單。

你必須認識的，不只是人，而是關係的運作方式。你要理解的，不只是要累積多少人脈，而是如何設計一套**讓信任自動繁殖、讓資源主動靠近、讓價值可以轉化**的關係策略系統。

這，就是本書寫作的起點與目的。

◎**為什麼我們要重新寫一本關於人脈的書？**

市面上談人脈的書不少，有些談禮儀，有些談社交技巧，也有些鼓吹結識「成功人士」的捷徑。

但我們觀察到一個共通問題：

■ 序言　當關係成為資產，你準備好讓信任自動運作了嗎？

　　這些書大多將人脈視為「外部工具」，而非「內部系統」。

　　它們教你怎麼表現討喜、怎麼問出問題、怎麼做出貢獻，這些無疑都是重要的 —— 但在今日這個資訊過載、社群過剩的世界，這樣的技巧不再稀缺。

　　你需要的不只是技巧，而是一套能長期運作、可持續進化的「人脈系統觀」。

　　這本書，便是為了這個目的而寫。

　　我們將人脈從「應酬策略」升級為「資產設計」；

　　從「交際圈」轉化為「價值圈」；

　　從「單點互動」進化為「平臺架構」；

　　從「自己努力撐」變成「他人也願意撐你」的信任場域。

　　我們希望你讀完這本書後，不只是多了幾個人脈「招數」，而是擁有一套可以貫穿人生各階段、適用於各種產業、可規模化複製的**人脈資產化思維模型**。

　　本書寫給三種人：

1. 正在轉職、創業、探索新方向的人

　　你需要重構自己的價值敘述與信任通道，這本書會陪你打造能說服人也能承接資源的人脈策略。

2. 有穩定人際圈，但不知道怎麼擴張或深化的人

　　你將學會如何將熟人關係升級為互利網絡，從單向輸出變成雙向共創，甚至形成自轉生態圈。

3. 正在打造品牌、經營社群、組織社會影響力的人

你會理解如何將個人品牌與人脈系統整合為可複製、可延伸的信任平臺,讓關係變成自帶成長的架構。

◎這不只是一本人脈書,而是一套系統思維訓練

為了讓你真正掌握「人脈資產化」的核心,我們將書中內容依照策略架構分為十五章,每章對應人脈系統建構的一個關鍵環節,並分為以下四大單元:

- **理論解析**:每章前三節為策略、行動與設計面的理論鋪陳,融合心理學、社會學、平臺思維與關係經濟模型;
- **沉浸式故事理論解說**:每章第四節以虛構卻真實感強烈的情境故事,整合前三節策略內容,讓你代入情境,理解實際應用;
- **關係進化路徑圖**:每章附有可實作的架構示意,幫助你建構屬於自己的人脈系統;
- **名言啟發語錄**:每節內容皆引用來自經典領導學、社會網絡學或實戰者的真知灼見,作為思考起點。

這不僅是一份閱讀體驗,更是一場你與你的人脈系統重新「對焦、設計、啟動」的進化訓練。

◎寫在最後:不再問「我可以靠誰」,而是讓別人願意靠近你

在寫作這本書的過程中,我們不斷提醒自己:

這不是一本講技巧的書,也不是一本講人脈雞湯的書。

我們在寫的,是一套讓人不再恐懼人際互動、也不再依賴臨場魅力或社交機運的**信任生態建構工程**。

■序言　當關係成為資產，你準備好讓信任自動運作了嗎？

　　你不需要變成社交高手，不需要討好所有人，不需要不斷出現在聚光燈前。你只需要設計好讓信任自己長大的結構——讓你的價值被看見、被感受、被傳述。

　　當別人不再只是「認識你」，而是願意「跟你走」、甚至「幫你說話」，你就不再是一個依賴機緣的人，而是一個能主動引動信任循環的人。

　　我們相信，那才是真正自由的開始。

第一章
認識人脈的本質

■第一章　認識人脈的本質

第一節　人脈不是交換，而是信任

「信任是一種信仰，即使看不見，也選擇相信。」

——賽門・西奈克（Simon Sinek）

人脈關係的誤區：交換不是核心

在談論人脈之前，我們得先釐清一個在臺灣社會中極為普遍的誤解：許多人認為「人脈」就是「互相幫忙」、「有事找人托關係」，甚至更直白地說，就是「交換資源」。但若我們停留在這個觀念，那麼所建立的關係不僅脆弱，也極容易變質。真正可持續的人脈從來不是從「你能為我做什麼」開始，而是從「我能不能信任你」開始。

賽門・西奈克曾在其著作《先問，為什麼？》（Start With Why）中強調，影響人們行動的不是產品功能，而是信任。他提出「黃金圈理論」，核心是信念與共鳴。套用在人脈上更是如此，真正牢不可破的人脈連結，起始於雙方理念的互通、信任的建立，而非短期利益的交換。

比方說，在某些飯局中，我們會見到一些人不斷遞名片、表現殷勤，對誰都說「有機會合作」，但幾天之後，這些話就像被風帶走的煙霧，毫無後續。原因並非這些人不努力，而是因為「沒有信任」的基礎，交換成為一場表演。人脈不是表面上的寒暄與請託，而是一種信仰關係：我相信你是值得託付與長期往來的人。

第一節　人脈不是交換，而是信任

信任的三個核心構成：真誠、能力、穩定

那麼，什麼樣的行為會讓人產生「信任感」？信任並非天生，它是可以刻意經營的。以下三點為信任的基石：

- **真誠（Authenticity）**：你是否真心關懷對方？是否說到做到？真誠來自一致的內外表現，是對自己價值的堅持，也是對他人的尊重。
- **能力（Competence）**：你是否真的有能力解決問題？光有好意不夠，人們信任你，是因為你辦得到事情。
- **穩定（Reliability）**：你是否能夠持續一致地表現？今天一套、明天又變，這樣的人再有能力也很難讓人放心。

這三點缺一不可。真誠而無能力會變成爛好人；有能力卻不真誠會變成利用者；穩定性差則會讓人難以預測，進而選擇疏離。

臺灣社會的人情脈絡：信任文化的兩面性

臺灣的人情社會是一種極度依賴「信任轉移」的文化。所謂的「誰介紹的就信誰」，其實背後隱含的是「我不認識你，但我信任介紹你的人」。然而，這樣的信任模式若過於仰賴關係中介，就會產生兩個問題：

- **轉介信任的誤差**：若轉介人本身不夠了解雙方，或為了成全而硬湊，就容易讓雙方在實際合作時落差過大，導致信任反轉。
- **人情壓力的錯誤動機**：基於人情的請託，有時會讓人難以拒絕，即使心中有所疑慮。這種關係常常無法長久，反而容易導致誤會與後悔。

因此，建立真正屬於自己的信任關係，才是人脈經營的長遠之計。靠別人的面子，不如累積自己的信用。

國際案例：Netflix 文化裡的「誠信人脈觀」

Netflix 曾在 2014 年公開了一份名為 *Netflix Culture Deck* 的文件，被矽谷譽為「史上最有影響力的企業文化文件」。在這份文化說明中，Netflix 明確指出他們招募與合作的標準不僅是「聰明的人」，而是「值得信任且有責任感的人」。這裡的「值得信任」有兩重涵義：一是能保密與穩定，二是願意公開承認錯誤並主動溝通。

Netflix 的創辦人里德・哈斯廷 (Reed Hastings) 強調：「我們不希望員工在會議上彼此讚美，卻私下抱怨；我們希望的是即使面對 CEO，也勇於說出真話的夥伴。」這正是人脈信任的實踐。他們的信任文化，使得跨部門合作更加透明，也讓人才流動與升遷完全建立在「誠信與能力」的基礎之上。

這樣的案例提醒我們：在人際交往中，誠實與透明是建立信任的最佳通行證。你不必總是迎合，但必須總是說真話、做真事。

信任的投資：慢工才能出細活

建立信任需要時間，這也是為什麼真正的關係不能速成。心理學家羅伯特・席奧迪尼 (Robert Cialdini) 在其著作《影響力》(*Influence*) 中提出一個關鍵理論：「長期的互動與回報模式會放大對方對你的信任評估。」

舉例來說，你固定每季主動問候一位前同事，詢問近況，偶爾轉發相關產業資訊；當對方某天需要合作對象時，自然會想到你，因為你是「出現過很多次」且「從未索取」的人。這種無功利的互動，是人脈最溫暖的形狀。

在臺灣，有些企業領袖之所以擁有人緣與口碑，是因為他們懂得「緩慢耕耘」。他們願意聽、願意回應、願意成為別人的「那個人」，而不是急著收割關係的投資報酬率。

實戰建議：五個建立信任的人脈行動

以下是五個可立即實踐、強化信任感的行動建議：

- **守時並持續**：每次約定都準時，並在互動後保有追蹤的習慣。
- **不輕易承諾，但一旦承諾必然完成**：比起說「我會幫你問問看」，更值得信任的是「我幫你問過了，這是結果」。
- **主動分享有價值的資訊**：不求回報的提供，建立你是資源型人脈的印象。
- **定期整理人脈筆記**：標注對方的重要資訊與關鍵日期（如孩子升學、公司轉型），在適當時機送出祝賀或協助。
- **面對失誤時主動道歉與補救**：危機處理方式是檢驗信任的最大時機，真誠反而會讓人更信你。

■第一章　認識人脈的本質

人脈是信任的存款，不是利益的交易

　　人脈，是一種信任的存款帳戶。每一次你誠實、守信、主動、回應，就是往這帳戶中存入價值。當你需要支援時，這些「信任存款」就會發揮作用。但若你總是提領、從未存入，這帳戶早晚歸零。

　　讓我們記住一句話：「關係的價值，不在於能拿多少，而在於你讓多少人願意主動靠近你。」這是人脈經營的最高境界 —— 你不再追求關係，而是讓關係自動來找你。

第二節　關係資本的價值如何累積

「你的網絡就是你的淨值。」

— 波特・蓋爾（Porter Gale）

關係資本不是數量，而是品質與深度的總和

我們經常聽到一句話：「多認識人就多一條路。」但這句話如果沒有進一步理解，很容易誤導人走上錯誤的「人脈收集型」社交模式，將「人數」錯當成「資本」，卻忽略了關係真正的價值其實取決於信任的深度與資源的流動性。

所謂「關係資本」（Relational Capital），是一種隱性資產，它不像金錢可以直接衡量，但卻能夠影響我們的工作效率、升遷機會、創業成功率，甚至是人生的幸福感。波特・蓋爾曾明確指出：「在當今這個數位化與全球化的時代，你的人際網絡，已經成為你個人品牌的一部分。」

關係資本的關鍵，不是你認識幾個人，而是你與這些人之間是否有信任、能否互通資源、是否能在關鍵時刻彼此支援。簡言之，關係資本的本質是「彼此可動員性」。

■ 第一章　認識人脈的本質

關係資本的三大類型

- **結構性資本**(Structural Capital)：你處於整個網絡的哪個位置？你是否是各群體之間的橋梁？擁有「橋接位置」的人，往往能夠成為資源的整合者。
- **關係性資本**(Relational Capital)：你與其他人之間的互動頻率、親密程度、信任強度。這是人脈中最難偽造的資產。
- **認知性資本**(Cognitive Capital)：你與他人是否擁有共通的語言、價值觀與目標。這決定了合作的可行性與效率。

這三者合稱「社會資本三角模型」(Social Capital Triad)，由哈佛社會學者納翰・林(Nan Lin)等人提出，用以評估一個人可動用人脈的實際價值。

臺灣社會的人脈累積模式：從家學到職場

在臺灣文化中，「關係」常從家族或學校開始。舉凡「學長制」、「同鄉會」、「師徒制」等傳統結構，都扮演了早期關係資本培養的溫床。但這樣的關係若只停留在淺層連結，而沒有進一步發展為資源流通與合作基礎，就會變成僅能寒暄、無法共事的「無效人脈」。

因此，我們需要主動轉換「社交關係」為「生產關係」，也就是要讓人際網絡從情感維繫走向價值共創。真正的人脈高手，懂得在關係裡提供資源、觸發合作、創造信任累積，讓關係成為「投資型資產」，而不是「消耗型負債」。

累積關係資本的關鍵思維轉換

從「認識你有什麼好處」變成「你需要什麼我能幫」

這樣的轉變不只讓人對你有好感，更在無形中建立了價值交換的基礎。

從「靠關係」變成「經營關係」

不是靠誰介紹你進了門，而是你進門之後能否讓人留下印象，甚至在日後成為資源貢獻者。

從「一次性互動」轉化為「持續性關係」

人脈的能量在於可預期的再見面，而不是一次性接觸後的淡忘。

從「被動等待合作」轉為「主動創造連結」

人脈資本來自於你主動跨出一步：分享資訊、提供機會、建立平臺。

日本商界的真實案例：
京瓷創辦人稻盛和夫的人脈哲學

稻盛和夫是日本經營之神，也是「阿米巴經營」理論的創始人。他不僅創辦了京瓷與 KDDI 兩大企業，更在 2010 年應政府之邀接手破產的日本航空（JAL），成功在短短一年半內讓 JAL 重新上市。

這樣的成就，除了來自他卓越的經營能力，背後更關鍵的，是他數十年來所建立的關係資本。他的合作夥伴來自政界、學界、企業界，這些人不僅願意伸出援手，更願意為他背書，甚至投入資源一起解決困難。

■ 第一章　認識人脈的本質

　　稻盛強調：「人際關係是一種無形的財富，要用心對待每一個人，因為你無法預測未來哪個人會在關鍵時刻成為你的貴人。」他的經營哲學不是從效率出發，而是從信任出發。

　　他長期主導「盛和塾」，是一個企業家學習社群，非營利、無實質利益，但卻吸引了超過 1 萬名企業主參與，彼此扶持、共同成長。這正是關係資本最有價值的實踐：**用共學、共信、共行動來建立可持續的人際網絡。**

關係資本的四階段成長曲線

　　根據哈佛商學院的實務研究，個體在社會網絡中的人脈資本發展可分為以下四個階段：

- **連結期（Connection）**：以建立初步接觸為主，包含認識新對象、參與社群、加入行業組織。
- **信任期（Trust Building）**：透過誠信互動、提供價值、穩定互訪來建立彼此認同。
- **動員期（Activation）**：開始共同執行專案、整合資源、發起合作關係。
- **循環期（Regeneration）**：雙方或多方關係進入長期穩定狀態，進一步分享彼此網絡，形成網絡生態圈。

　　每一個階段都有不同的投入重點。多數人在人脈經營中卡在「連結期」，少數人能進入「信任期」，而真正成為資源中樞的關鍵人物，則是在「動員期」與「循環期」持續投入與回饋。

臺灣企業案例：創業者的人脈布局與資本運用

以臺灣本土成功創業者——KKday 創辦人陳明明為例，他曾在接受媒體訪談時表示，KKday 早期最大挑戰不是市場，而是資源。當時，透過他過去在易遊網累積下來的上下游關係，他成功整合供應商、支付系統、媒體資源，甚至人才來源，讓這家新創公司在三年內躍升為亞洲旅遊平臺的關鍵玩家。

陳明明的經營方式不是「靠人脈撐場面」，而是「讓人脈變資源」。他成立顧問委員會、參與產業共學平臺，也積極對年輕創業者開放自己的資源，進一步累積關係聲譽。

這樣的累積過程，並非來自高頻的請託，而是來自「我準備好了，也願意先給」的思維。

建立關係資本的五項實踐建議

- **參與「價值共創型」社群**：選擇那些目標一致、具有行動力的社群，而非僅限於閒聊。
- **記錄與追蹤互動歷程**：建立自己的「人脈帳本」，包含互動日期、話題、關注點，方便後續關心。
- **年度人脈健康檢查**：每年主動盤點人際網絡，評估哪些關係應加溫、哪些關係可自然淡出。
- **定期「提供而非索取」的交流行動**：例如每月主動推薦三個人彼此認識，或轉發有價值資訊。

■ 第一章　認識人脈的本質

■ **打造可見的個人品牌**：讓你的理念、行動、成果被信任的人看見，才能吸引更多優質人脈主動接近你。

關係資本的價值來自你怎麼活用

最終，我們必須記住：人脈不是資源的占有，而是資源的流動。當你越能讓關係中的人互相連結、互相產生價值，你就是整個網絡的核心人物。這種關係不是靠地位來建的，而是靠一點一滴的信任、價值與誠意累積而來。

讓我們以這句話作為本節結語：

「你真正擁有的不是幾個朋友的電話，而是讓這些朋友願意在你開口之前就出現的信任基礎。」

第三節　成功人際關係的基本要素

「人際關係的本質是了解與被了解。」

── 史蒂芬・柯維（Stephen R. Covey）

成功人際關係的誤解與真相

我們從小就被教育要「與人為善」、「交朋友很重要」，但卻鮮少有人系統性地教我們，什麼樣的人際關係才算成功？又該如何培養與維繫？

許多人將人際關係視為一場「人和人之間的拉鋸戰」，害怕付出過多、受到傷害，或是在關係中被利用。因此，人際策略便常常建立在防禦與技巧之上。然而，真正成功且持久的人際關係，並非建立在機心與手腕，而是在於**雙方能否彼此理解、真誠互信與共同成長**。

根據美國心理學家阿瑟・阿隆（Arthur Aron）在其研究中發現，最令人滿意的人際互動，來自於「自我揭露」與「回應性」的平衡。換句話說，當你在關係中能被理解，又願意理解對方，這樣的連結才會深化並穩定。

成功人際關係的三大核心要素

- **同理心（Empathy）**：能設身處地理解他人的感受與處境。這不只是聽懂對方說什麼，更是讀懂對方沒說出口的訊息。

- **一致性（Congruence）**：表裡如一，讓人能預測你，不怕你前一秒親切、後一秒翻臉。穩定的情緒與行為模式，是建立安全感的關鍵。
- **互惠性（Reciprocity）**：人際關係最怕單方面付出或消耗。真正的成功關係是雙向流動，彼此都能從中獲得滋養。

這三項要素看似簡單，卻是在日常互動中最容易被忽略與違背的。

同理心：理解才是人際的開始

同理心不是溫柔或慈悲，而是一種**理解他人內在狀態**的能力。根據美國心理學家丹尼爾・高曼（Daniel Goleman）的情緒智力理論（EQ Theory），同理心是情緒智力五大構面之一，與領導力、人際關係密切相關。

在職場中，一位主管若能理解部屬在家庭、心理、健康層面的壓力，便能給予適當支持，從而提升忠誠度與工作效率。在生活中，一位朋友若能理解你當下的情緒，而非急著給建議或批評，也更容易獲得信任。

同理心不是「站在自己角度替對方想」，而是「站在對方的角度理解其行為與選擇」。

一致性：信任的保險箱

一致性意指「言行一致、情緒穩定、價值清晰」。在長期的人際互動中，這種一致性是安全感的來源。試想你是否曾遇過這樣的人：昨天對你熱情如火，今天卻冷若冰霜，讓你摸不著頭緒。這種反覆無常的互動，會讓人不敢深交。

而一致性也包括**價值的一致**：你所說、所做、所決定的事情是否符

第三節　成功人際關係的基本要素

合一貫的標準？一個人若常為了討好某方就改變立場、說詞與態度，終將失去信任。

企業領袖史蒂芬・柯維在《與成功有約》中指出，「誠信不只是道德問題，而是人際信任的根源。」一致性，是誠信最直觀的表現。

互惠性：打造人際的正向循環

心理學家羅伯特・席奧迪尼（Robert Cialdini）在《影響力》一書中揭示「互惠原則」：當別人對我們釋出善意時，我們會感到一種回報的壓力。這在社會互動中是強大而潛移默化的力量。

舉例來說，你主動幫助朋友找到工作，日後當你需要推薦時，他極可能優先想到你。又或是你經常在社群媒體上真心稱讚別人的創作，對方也會願意為你的內容按讚或分享。

然而，互惠關係不代表「交換」或「計較」。真正健康的互惠，是在不求回報的前提下自動產生的回應，而非期待對價的計算。

臺灣社會的實踐挑戰與文化機會

在臺灣，重視「人情味」與「禮尚往來」的文化，確實有助於人際連結，但也容易導致互動流於形式。送禮、請客、逢年過節聯絡固然重要，但若只是出於社交義務，未能觸及心意與價值，就難以建立深層關係。

然而，臺灣文化中也蘊藏著可貴的「團體認同」與「關照精神」，只要能將這些文化資產轉化為真誠互動的方式，便能累積人際信任。例如透過關懷、分享資源、主動牽線等方式，實踐「互惠而不功利」的關係建立。

■ 第一章　認識人脈的本質

國際企業案例：Airbnb 創辦人的關係哲學

Airbnb 的共同創辦人布萊恩·切斯基（Brian Chesky）曾在一次訪談中提到：「人們會信任一個陌生人來家裡過夜，並非因為對方的評價好，而是因為整個系統設計讓人感受到安全、理解與互惠。」

Airbnb 的設計正是以同理、信任與互惠為核心。房東與房客都可評價彼此，平臺鼓勵清晰溝通與透明規範，並建立社群支持機制。這樣的「平臺型人脈架構」讓原本不認識的兩方，能在短時間內建立互信，進而合作、互利。

切斯基的觀點提醒我們：**建立人際關係不是靠說服，而是靠設計。你是否提供一個讓人願意靠近的環境？**

這也能套用在個人實踐上。我們是否營造出一種「人想跟你接觸」的氛圍？是否讓人感到安心、尊重與可能性？這些都將決定你的人際關係成敗。

成功人際關係的日常實踐技巧

- **傾聽七成、表達三成**：傾聽是同理的入口，不打斷、不評論，先理解對方觀點。
- **定期表達感謝與關心**：不需大張旗鼓，一封訊息、一句問候即可建立持續連結。
- **尊重他人邊界**：別把交情當成要求對方幫忙的理由，每一次請求都要自我檢查是否合理。

- **允許不同觀點共存**：關係成功不代表價值完全一致，而是願意在差異中共處。
- **回應勝於等待**：當有人找你詢問、邀請、請益，無論是否答應，都給出有回應的態度，這會讓人感到被尊重。

成功關係是可學、可練的

「了解與被了解」是人際互動的最高層次，這並非只能靠天生人格，而是可以透過自我覺察與刻意練習而養成的能力。

成功人際關係不是靠討好，也不是靠技巧，而是靠同理、真誠與穩定累積起來的信任感。它是你長期投資在他人身上的溫度，也會在未來某一天以你想不到的方式回報你。

「願你所建立的關係，不只是聯絡簿上的名字，而是在你低谷時還願意為你站出來的那群人。」

■ 第一章　認識人脈的本質

第四節　沉浸式故事理論解說：從信任出發的人脈起步策略

「關係的力量，不在於你認識誰，而在於誰願意相信你。」

── 亞當・格蘭特（Adam Grant）

為什麼我們需要從「信任」開始經營人脈？

在前面三節中，我們反覆提到一個核心概念：真正可持續的人脈，不建立在利益交換或社交技術上，而是建立於深層的信任與彼此理解的基礎。這一節，我們將透過一個跨國新創創辦人的真實案例，深入剖析從零開始累積信任，進而擴展關係資本、開啟職涯轉機的人脈起步策略。

本節案例主角為臺灣籍創業者林冠宇（化名），他於 2014 年赴美攻讀 MBA，在人脈全無的情況下，從一位默默無聞的國際學生，憑藉信任策略與人際價值建立，在短短五年內，不僅成功創辦 AI 人資系統公司，還獲得多位矽谷知名創投支持，更成為臺灣創業圈的重要連結人物。

以下，讓我們一步步拆解他的關係策略與轉捩點，了解「人脈如何從信任中誕生」。

初始階段：人脈為零，如何開始信任累積？

林冠宇初抵美國時，面對的挑戰是雙重的：語言障礙與社交孤島。在美國 MBA 班級中，他是極少數非美國本科背景學生，也不具備當地人脈網絡。在面對校內招聘活動時，他發現多數人早已有業界關係人引薦，或透過校友幫忙內推。

而他，什麼都沒有。

但他做了三件關鍵的事：

- **主動參與非正式社交活動**：比起僅僅參加職涯講座或正規活動，他選擇積極參與同學聚會、運動團隊與校外志工活動。
- **誠實面對自己的不足**：他並不急著展現能力，而是願意開口請教、表現出學習的真誠，讓人感受到他的謙遜與信賴感。
- **建立「可被信任」的形象**：凡事守時、有交代、有回應，從日常小事建立一致的行為模式。

這三項策略逐漸打開了他與同儕間的關係。他的室友在一次社團合作中發現他在資料處理上的強項，便主動介紹他給校內企業競賽的其他團隊。這一介紹，成為他人脈累積的第一個轉捩點。

建立信任：從「被協助」到「變資源」

林冠宇的第二步，是**轉變角色**。從一開始的「請教者」，逐漸變成「提供者」。

■ 第一章　認識人脈的本質

　　由於他過去曾在臺灣負責跨國專案，他熟悉亞洲市場與成本控管，對新創團隊而言是極具價值的洞察者。他開始主動提供同儕產業資料、報表模板，甚至協助修改履歷與模擬面試。這些「無償付出」看似耗時，但他說：

　　「真正的人脈不會記得你幫過多少忙，而是記得你總是在他需要的時候在場。」

　　當一次創業競賽中，其中一組隊伍因人手短缺向他求援，他毫不猶豫加入並協助完成提案，該隊最終奪得冠軍。此事讓他聲名大噪，不少同學開始主動找他請教事業與職涯規劃。

　　也正是在這樣的互動中，他結識了日後合夥創業的技術夥伴──一位斯坦福畢業的工程師，同樣關注 AI 與人資科技，兩人於 2016 年共同創立新創公司。

信任拓展：創造讓人願意背書的價值場

　　創業初期，公司無人知曉，資金緊張，人手不足。他開始透過過去 MBA 班級中的人脈，進行非正式簡報與產品驗證。一開始，大多數人只是給予鼓勵，但他採取三項策略使得人脈逐步變成「資源連結者」：

- **持續更新進度**：定期寄送產品更新、發展狀況，讓人感受到他的執行力。
- **誠實回報困難**：在說明進展的同時，也坦白表示團隊面臨的挑戰，讓人對其真誠更有信賴。

第四節　沉浸式故事理論解說：從信任出發的人脈起步策略

- **創造合作可能**：不直接請求投資，而是尋求測試、試用、意見交換等低門檻參與方式。

這樣的策略讓他成功獲得來自三位同班同學投資人的支持，其中一人更是後來推薦他參加矽谷知名加速器計畫的關鍵介紹人。

到了 2018 年，他的公司正式進入 B 輪募資階段。這時，他的過往互動累積起來的信任價值爆發：過去合作過的每一位夥伴都成了他的「背書者」，不僅願意提供推薦，也自願在 LinkedIn 等平臺為他撰寫專業見證。

信任裂解與修補：一次危機考驗的真誠應對

2020 年，公司推出一項新產品模組，但因匆忙上市導致資料外洩漏洞，一名早期合作企業因此蒙受損失，提出抗議。

當時許多創業者可能會選擇法律解釋、縮小責任範圍。但林冠宇選擇親自飛往客戶公司，當面道歉並提出補償方案，並公開在社群平臺說明事件並承認錯誤，承諾加強資安標準。

這樣的舉動讓該客戶非但未終止合作，反而在後來接受媒體專訪時，主動讚揚其誠信態度，稱其為「可信任的夥伴」。

信任，不僅來自順利時的表現，更來自危機時的態度。

■第一章　認識人脈的本質

案例啟示：從信任出發的人脈策略九原則

先給予，不急著交換：價值累積來自無期待的互動。

建立個人穩定形象：行為一致、誠信透明，是人脈永續的核心。

主動更新、主動回報：讓人知道你還在進步，是維繫關係最穩定的方法。

聚焦深度，而非廣度：與其建立 100 個名片關係，不如深耕 10 位信任夥伴。

誠實面對失誤，勇敢承擔責任：關係最大的危機，也是建立信任的轉機。

發揮橋梁角色：主動連結他人，你會變成資源的節點。

打造可見信任行為紀錄：社群媒體、公開內容等皆可累積個人信任足跡。

投入長期關係場域：如校友會、創業圈、職業社群，讓信任有發展空間。

成為別人「想推薦的人」：你的名聲就是人脈網的推進器。

每段關係的開始，都應是一次信任的投資

從信任開始，不只是一句標語，而是一種實踐策略。當你真正願意理解對方、真誠付出並長期經營，關係就會變成你最穩固的後盾。在人生與事業的轉折點，站出來支持你的，往往不是你最常聯絡的人，而是**你曾讓他們信任過的人。**

第四節　沉浸式故事理論解說：從信任出發的人脈起步策略

「從信任出發,將每一段關係都當作一次未來的可能性。」這就是人脈真正的起點。

■ 第一章　認識人脈的本質

第二章
從內在出發的連結力

■ 第二章　從內在出發的連結力

第一節　建立正直形象與個人品牌

「品牌就是當你不在場時，別人怎麼談論你。」

—— 傑夫・貝佐斯（Jeff Bezos）

個人品牌不是炫耀，而是信任的延伸

我們常聽到「打造個人品牌」這句話，但在臺灣職場與人際互動中，「個人品牌」往往被誤解為包裝、宣傳、塑造形象，甚至是自我行銷。事實上，真正的個人品牌絕不是表面功夫，而是**一種可被驗證的信任延伸**。

正直，是個人品牌的核心；形象，只是結果。

當別人提到你的名字，腦中浮現的第一個形容詞是什麼？這個直覺反應，不來自你說了什麼，而是你過去長期累積下來的行為紀錄與價值觀呈現。傑夫・貝佐斯說：「品牌是你不在場時，別人怎麼談論你。」這句話點出一個關鍵：**品牌是一種旁人之眼中的你，不是你宣稱的你。**

臺灣社會的品牌困境：誠懇 vs. 被動

在臺灣，「低調做人」常被視為一種美德，許多專業人士因此害怕談論自己，也避談「個人品牌」這個詞，擔心被貼上「愛現」、「自我行銷過頭」的標籤。然而，若過於壓抑自我呈現，反而會讓真正的價值被埋

沒，也使得人際互動失去方向。

我們需要的不是「假掰式的行銷自己」，而是**透過一貫的行為與價值輸出，讓人能夠認同並記住你**。這才是正直的形象，也是信任型個人品牌的本質。

正直的定義：一致而穩定的價值呈現

心理學家布芮妮‧布朗（Brené Brown）將正直（Integrity）定義為：「在沒人看見的時候，也選擇正確的行為。」這是一種誠實、一致與勇氣的總和。在人際關係與職場互動中，正直不代表你完美無瑕，而是你有勇氣堅守原則，即使代價是短期利益的流失。

建立個人品牌之前，必須先問自己三個問題：

- **我希望人們怎麼描述我？**
- **我過去的行為是否一致地支撐這些形容？**
- **當面對誘惑、壓力或誤會時，我是否能仍堅守自己的原則？**

這三個問題決定你品牌的穩固性。唯有形象與行為一致，品牌才不會淪為「廣告語而非事實」。

■第二章　從內在出發的連結力

個人品牌的三大構成元素

價值主張（Value Proposition）

你帶給他人的核心價值是什麼？是你對工作的專業？對人的善意？還是你在危機中的穩定感？這是你能提供的獨特貢獻。

形象呈現（Presentation）

你的語言、穿著、數位足跡、社交方式是否一致地呈現你的價值觀？形象不是「打扮」而是「訊號」，傳遞你是誰、在意什麼。

行為紀錄（Track Record）

你過去做過什麼、堅持什麼、拒絕什麼，才是他人信任你的真正依據。這些紀錄構成了人際社群中的「評價系統」。

真實不等於赤裸：透明與界線的拿捏

許多人誤以為「真誠」等於「全盤托出」，於是在社群媒體上毫無保留，將生活瑣事、情緒波動、私人抱怨全數攤開。但真正的個人品牌管理者，懂得**選擇性的真誠**，也就是在展現自己時有明確的界線與策略。

所謂透明，是在面對他人時不做作、講真話，但不等於毫無分寸。該保留的，仍應保留；該坦白的，勇敢坦白。品牌不是「讓人知道你所有的事」，而是「讓人知道你堅持的是什麼事」。

國際案例：LinkedIn 共同創辦人雷德‧霍夫曼的品牌策略

雷德‧霍夫曼（Reid Hoffman）是 LinkedIn 的共同創辦人，他的個人品牌在矽谷被形容為「連結者中的智慧者」。他的品牌來自三個明確特徵：

- **他是一位洞察產業趨勢的思想家**：每篇公開文章都展現高水準的商業理解。
- **他是一位提攜新創的實踐者**：積極投資初創團隊，並參與指導，從不「只出錢不出力」。
- **他是一位價值穩定的引路者**：即使遭遇社群言論挑戰，他仍堅持使用平等語言回應，表現尊重。

他不靠炒作、不靠名人合影，也不靠語錄貼文，而是透過長期一致的行為與知識輸出，成為矽谷人脈生態中極具信任力的人物。這樣的品牌，來自正直，也來自一致性。

臺灣專業領域的實務觀察：職場中的默默型品牌養成者

在本土企業與專業圈中，也存在不少「沉默型強者」。例如在工程、財會、法務、醫療等專業領域，許多真正讓人敬佩的工作者，並不是最會說話、最會行銷自己的人，而是那些「每次出手都有品質」的實踐者。

■第二章　從內在出發的連結力

以會計師張惠如（化名）為例，她在同一家事務所工作15年，每年處理超過100家中小企業帳務，但她不經營社群媒體，也從不參加華麗的行銷活動。然而，她的客戶轉介率始終高於業界平均，幾乎所有新客戶來自舊客戶介紹。

她的品牌來自三件事：準時交件、誠實溝通、不亂報數字。她說過一句話令人印象深刻：

「我不要客戶一時信我，我要他們可以放心把財報交給我十年。」

這就是品牌的力量：不是聲量，而是長期的選擇。

建立正直個人品牌的五項實踐行動

- **定期自我反思與價值盤點**：你每年是否花時間檢視自己信念與行為是否一致？
- **建立數位足跡的一致性**：LinkedIn、個人網站、社群帳號是否傳遞相同訊息與價值？
- **從工作細節表現出專業態度**：品牌不是說出來的，而是從準時、品質、回應速度中被體驗到。
- **設定個人行動準則並公開**：例如「不接違反道德項目」、「與人合作前先雙方開誠布公一次」。
- **建立口碑循環的回饋機制**：主動請對方評價或回饋，並在下一次互動中回應這些意見。

第一節　建立正直形象與個人品牌

正直,是你品牌的地基,不是裝飾

在這個過度強調「人設」的時代,我們容易忘了:真正強大的個人品牌,不是由設計師打造的形象,而是由你自己一筆一畫刻出來的紀錄。

正直,是品牌的根,不是包裝的皮。

當你堅持做對的事、展現一致的態度、勇敢捍衛價值觀時,你的名字就會成為別人信賴的代名詞。而這種信賴,將在你不經意的時刻,悄悄為你打開人生的下一扇門。

■第二章　從內在出發的連結力

第二節　情緒智慧在人脈中的關鍵角色

「情緒是社交的貨幣。」

—— 丹尼爾・高曼（Daniel Goleman）

情緒智慧與人脈的關鍵連動

在所有人際關係的經營策略中，有一項往往被低估，卻是連結他人、維繫關係的基石，那就是情緒智慧（Emotional Intelligence，簡稱 EQ）。它不是一種學術知識，也不是技能證照，而是一種實際影響互動品質的心理能力 ——**察覺自己情緒、理解他人感受，並能調節反應、創造互信**。

1995 年，心理學家丹尼爾・高曼（Daniel Goleman）出版了震撼全球的暢銷書《EQ：決定一生幸福與成就的永恆力量》（*Emotional Intelligence*），將 EQ 的概念從實驗室帶入職場與社交場域。他提出 EQ 的五大核心構面：**自我覺察、自我調節、動機、同理心、社交技巧**，每一項都與「人脈經營」息息相關。

你或許見過這樣的人：能力不算突出，但總能讓人覺得舒服、安心；他們不是最活躍的人，但卻擁有最多信任資源。這背後的關鍵不是話術，而是情緒智慧。

自我覺察與自我調節：穩定關係的根基

人際關係的建立，從理解自己開始。EQ 的第一層是**自我覺察**，指的是能夠正確辨識自己的情緒狀態，並理解這些情緒從何而來、對行為有何影響。舉例來說：

- 當你對某人不自覺產生排斥感，是對方做錯了什麼，還是觸動了你某段經驗的投射？
- 當你在社交場合中變得安靜，是緊張？疲憊？還是某個舉動讓你不舒服？

理解這些內在變化，才能避免「情緒驅動關係反應」，例如冷處理、忽視、不回應等，都可能源於我們自己尚未處理的情緒。

接續的是**自我調節**：你是否能控制情緒衝動、不將情緒轉嫁給他人？例如，在工作壓力下仍能有禮對話、在誤解中選擇耐心澄清，這些都是高 EQ 者的基本功。

在社交網絡中，最令人安心的是**情緒穩定的人**。他們不會讓人猜測今天的你是不是好說話、能不能放心交代事情。他們的存在，如同一顆人際定錨，是信任得以建立的前提。

同理心與情緒識讀：讓人感受到被理解

EQ 的第三構面「同理心」，是高曼定義中的關鍵社交能力。他指出，**同理心並非認同對方觀點，而是能夠從對方立場理解其反應與需求。**

■第二章　從內在出發的連結力

在人脈互動中，有同理心的人：

- 不會打斷你，而是耐心傾聽你的話語與語氣。
- 會在你語氣低沉時關心，而非冷處理。
- 能辨識「我沒事」背後可能藏著「我需要你」的訊息。

這種能力使得他們能在第一時間建立安全感，也更容易在關係中深化情感層次。

而「情緒識讀」則是更細膩的技能。高 EQ 者往往能在一場簡報中觀察到誰開始不耐、誰的眼神釋放出疑問，並能在對話中及時調整應對策略，這是建立人脈時一種不著痕跡的魅力。

社交技巧：讓信任轉化為行動

許多人誤以為 EQ 只是關於情緒處理，但高曼特別強調第五構面「社交技巧」的重要性。這指的是一個人**如何在與他人互動時，創造合作、維繫關係、解決衝突與啟動合作**的能力。

在實務中，高 EQ 的人懂得：

- 何時主動打招呼，何時保持空間。
- 如何讓初次見面變得輕鬆自然。
- 如何處理尷尬、緩解誤會、修補冷場。

這些看似「小事」，卻是人脈關係中決定「想不想再見一次」的關鍵。能讓人感受到被尊重、有被聽見、有價值感的人，總能在社交圈中成為「被主動接近」的對象。

EQ 與人脈資源的實際關聯

為什麼 EQ 高的人往往有更強的人脈資本？以下幾點提供解釋：

- **他們建立的關係穩定且持久**：因為能覺察關係變化，也能及時調整互動。
- **他們常被視為團隊調和者與資源整合者**：高 EQ 使得他們能在不同人際圈中自然移動，扮演橋梁角色。
- **他們更容易得到回饋與信任**：因為他們讓人感到安全、不需提防。
- **在危機時刻，他們是被優先聯絡的對象**：因為他們的存在本身就是一種「人脈安定力量」。

臺灣真實觀察：中階主管的人脈反轉曲線

在一項針對臺灣企業中階主管的研究中（2021 年，Cheers 雜誌調查），發現情緒穩定度高的主管，部門離職率普遍較低，且更容易獲得跨部門合作支持。受訪者表示：「就算他的判斷偶爾會出錯，但我們知道他不會情緒化地怪罪，而是會一起面對。」

這類主管在人際圈中的聲望高，不是因為他們能說會道，而是因為**他們讓人有被理解的感覺，並且在風暴中不失控**。這樣的穩定，是組織與人脈最需要的品質。

第二章　從內在出發的連結力

> ### EQ 可以練習嗎？
> ### 可以，而且越早越好

　　EQ 並非天生，而是可以透過覺察、學習與練習來養成的。以下是五個具體練習方式：

- **每日書寫「情緒日記」**：每晚花三分鐘記錄當日三種主要情緒及其觸發來源。
- **每週一次「情緒反思會議」**：與信任朋友討論一週內互動中的情緒困境與因應。
- **主動傾聽訓練**：在對話中練習不打斷、不評論，先完整聽完對方想法。
- **情緒停頓技巧**：在生氣或衝動時先深呼吸五秒，避免立即反應。
- **換位思考練習**：針對一場爭執，嘗試從對方角度寫下他當下的可能感受與解讀。

　　這些練習將幫助你在未來的人脈建立與關係管理中，成為更成熟、穩定且受信任的角色。

> ### 情緒穩定，是人脈關係中最珍貴的資產

　　我們所累積的每一段人脈，其實都是一種關係存款。若沒有情緒智慧的支撐，關係再多也可能在關鍵時刻瓦解。但若擁有高 EQ，你就是那種在他人需要依靠時，最先浮現在腦海裡的人。

「高情緒智慧，是在每一場互動中，默默建立信任與連結的能力。」

這種能力看不見，卻能決定你能走多遠、與誰同行、獲得什麼樣的支持。從今天起，開始成為那個讓人感到舒服、穩定與被理解的人，你的人脈，也將因你而茁壯。

■第二章　從內在出發的連結力

第三節　如何在關係中保持真誠與界線

「真誠是最好的社交策略。」

——戴爾・卡內基（Dale Carnegie）

真誠的力量：不只是「做自己」

在許多人際技巧書籍或演講中，「做自己」往往被當作最重要的原則之一。但我們卻很少深入思考：「做自己」是否等於真誠？是否代表毫無保留、無所顧忌地表達一切內心感受？又或者，我們是否誤將「真誠」當作了「透明化情緒」？

其實，在人脈經營中，真正的真誠是一種**有分寸的誠實**，一種基於尊重他人、了解情境與清楚邊界的表達方式。它不僅能強化信任，更能成為你長期建立關係的護身符。

人際關係中最困難的，不是如何拉近距離，而是如何**在拉近的過程中，不讓彼此感到壓力或被入侵**。這就牽涉到一項我們經常忽略的課題：人際界線。

何謂人際界線？為什麼它如此重要？

人際界線（Personal Boundaries）是你劃定「我能接受什麼、不接受什麼」、「我願意付出到什麼程度」的心理規範。擁有界線的人，不代表冷

漠，而是清楚自己在每段關係中的角色、責任與限制。

當一個人在人脈經營過程中無法建立界線時，常見的情況包括：

- **過度討好**：為了讓關係順利發展，不敢說「不」，久而久之壓力爆表。
- **角色混淆**：明明是職場關係，卻讓對方過度干涉私事。
- **情緒共依**：對他人的評價或反應過度敏感，自我價值被他人情緒牽動。

缺乏界線的人，起初也許會看起來「很好相處」，但時間久了，容易疲累、憤怒或感到被利用；而對方也可能逐漸覺得「你怎麼變了」，進而產生誤解甚至疏離。

真誠與界線：雙向的關係自律

要在關係中既真誠又不逾矩，關鍵在於培養**雙向關係自律**：

- **對自己誠實**：你是否真的願意幫這個忙？是否真心認同這段關係？不需要每一次都委屈自己來維持關係。
- **對他人尊重**：你是否會過度詢問對方私事？是否強求他人回應、配合？即便關係再親近，也要尊重彼此的生活空間。

真誠，不是用來獲取關係的籌碼，而是用來建構信任的地基。而界線，不是阻擋他人的牆，而是讓彼此互動更加清晰、有彈性的軌道。

■第二章　從內在出發的連結力

真誠不是坦白一切，而是溫柔堅定的表達

　　許多人誤以為「真誠」就該什麼都說、馬上說、直白說。但其實，真正的人際高手懂得「選擇性開放」：

- **時間點的掌握**：當對方還無法理解你處境時，過早暴露內心真實，反而容易造成距離感。
- **訊息範圍的拿捏**：不必每段對話都講出全部想法，適度保留可創造餘韻與互動空間。
- **語氣與方式的調整**：再誠實的內容，也要用尊重的語言傳遞，否則容易造成傷害。

　　例如：在職場中，當你對一項提案有保留，可以說：「我覺得這個方向很有意思，但我有一些不同的觀點，想聽聽你怎麼看。」這樣既誠實，也不會給對方壓力。

界線的具體設立方式

　　在建立關係初期或互動過程中，如何實際設立界線？以下幾種方式可參考：

明確表達自己的需求與底線

　　如：「我這幾天行程比較滿，可能沒辦法即時回訊息，請見諒。」這是對時間的界線。

第三節　如何在關係中保持真誠與界線

尊重彼此空間，不強求即時回應

如：「你可以晚點想想再回我，沒關係。」這樣的說法比「你怎麼都不回我」更能保護關係。

拒絕時保有彈性與善意

如：「這件事我可能無法協助，但我可以幫你介紹一位適合的人。」這是替代方案的運用。

情緒管理上的界線

不把自己情緒全然加諸他人，也不為別人情緒負全責。適度陪伴，但不犧牲自己。

界線的存在，不是讓關係疏遠，而是讓彼此更能自由呼吸。有界線的關係反而更健康，因為雙方知道彼此的界線在哪裡，也知道如何靠近又不侵犯。

國際觀點：布芮妮・布朗的「脆弱力量」理論

美國研究學者布芮妮・布朗（Brené Brown）長期研究人際關係中的「脆弱」（Vulnerability），她指出：「真正的連結來自於勇於展示脆弱，同時尊重彼此的邊界。」

她的研究顯示，在高信任團隊或親密關係中，最常見的特徵是：

- 願意承認自己不完美；
- 有空間允許他人表達不同意見；
- 明確設限，卻不以此為拒人千里之門。

布朗強調：「界線與真誠是一體兩面的。」你若無法誠實說出「這是我能做到的」，那你遲早會在關係中透支自我。

臺灣生活圈觀察：過度熱情的副作用

在臺灣文化中，重人情、講義氣是普遍價值觀，也造就了許多人在互動時「不敢拒絕」、「太快親近」、「覺得保留就不夠朋友」。但這往往導致以下狀況：

- **界線不清導致期望錯位**：你以為只是幫忙一次，他以為從此你是他人脈的一員。
- **過度關心變成壓力**：你認為是在照顧對方，但對方感受到的是「被掌控」。
- **真誠表達後反而關係變差**：因為從沒設立過界線，突然拒絕容易引起誤會。

這些都提醒我們：**不是越熱情越好，而是越清楚自己能給什麼，越不容易受傷。**

真誠與界線的平衡練習五招

- 寫下自己的五項「界線原則」：例如「下班後不討論工作」、「週日不安排社交」等。

- **每週檢視一次人際互動紀錄**：有哪些讓你覺得壓力大？是否因為沒說出自己的底線？
- **練習優雅拒絕法**：提前準備兩到三種回應模板，遇到不適合的請託可以自在婉拒。
- **觀察「真誠回應」的對象與情境**：不是每段關係都適合說實話，找到最安全的表達空間。
- **練習在重要關係中「設定期望」**：如新同事剛加入時，明確說出你的合作偏好與界線。

真誠需要勇氣，界線需要智慧

真正的人脈高手不是永遠笑臉迎人，也不是總能滿足每一個請求，而是**在理解自己能力與價值的基礎上，與人建立誠實又自在的關係**。

「*沒有界線的真誠是情緒勒索，有界線的真誠才是長久關係的橋梁。*」

在關係中表現真我，同時尊重對方的空間與步調，這樣的你會被信任，也會被珍惜。

■第二章　從內在出發的連結力

第四節　沉浸式故事理論解說：從自我修練到穩健關係的進化路

「你吸引來的，是與你頻率一致的關係。」

——布芮妮・布朗（Brené Brown）

當成長變成關係的轉捩點

人脈的穩定與深度，往往不來自我們主動找了誰、認識了誰，而是**我們自己變成什麼樣的人後，開始吸引到什麼樣的關係**。這一節，我們將透過一則沉浸式故事，串連前面三節所談的重點：正直形象、情緒智慧、真誠與界線。故事將展示一位年輕專業人士如何從內在修練開始，轉化自己的社交困境，建立真正穩健的人際連結。

故事主角：林柏翰，29 歲，產品經理

林柏翰，大學念的是資工，畢業後進入一家新創公司擔任產品經理。工作前三年，他是典型的「績效型人才」：準時、有效率、懂流程，但卻始終無法在職場人際圈中站穩腳步。

他說話太直白、不愛寒暄、討厭無效社交。即便如此，他仍努力嘗試建立人脈。他參加各種社群聚會、加入業界社團、在 LinkedIn 發文——卻總覺得與人保持距離。直到有天，他在一次產品會議上，因情緒失控對設計師口氣強硬，隔天設計師直接請調專案。

第四節　沉浸式故事理論解說：從自我修練到穩健關係的進化路

這場小風暴讓他開始自問：「我做的這一切，真的是在建立人脈嗎？還是，我只是用自己不熟悉的方式在模仿別人？」

第一階段：從形象管理到人格反思

事件之後，他找了公司一位資深顧問聊天。對方給了他一句話：「你看起來很努力在經營形象，但別人感受不到你是誰。」

這句話讓柏翰開始重新審視自己：

過去，他總是刻意壓抑自己的真實想法，盡量說話「有禮貌」、避免衝突；但他內心知道，這樣的自己很不舒服。與其說他在建立人脈，不如說他在「演出一個自己」。

於是，他開始做一件事 —— 每天睡前寫一段「我今天真實的感受」，不為發文，也不為社交，只為認識那個被隱藏的自己。他開始學著理解自己為什麼對某些人有防備，對某些場合感到抗拒。

這就是**自我覺察**的開始。

第二階段：練習說「我其實不是這麼想」

有一次，在一場跨部門簡報會議上，他的設計部主管提了改版方向，其他人附和稱好，但柏翰心中覺得「這會影響用戶習慣」，原本他想像往常一樣，默不作聲。這次，他舉手說：

「我理解這個方向的目標，但我其實有點保留，我擔心用戶對此的接

■第二章　從內在出發的連結力

受度,我們是否能再談談其他版本?」

　　這句話的語氣不強硬、不情緒化,但誠實、清楚、帶著建設性。會議上大家沒有反駁,反而展開討論。

　　事後,主管私下對他說:「你這次說得很好,我們需要更多這樣的聲音。」

　　這讓柏翰明白:**真誠不是直接攻擊,而是帶著尊重的坦白。**

第三階段:在界線中,守住自己也守住關係

　　隨著工作經驗與人際回饋,他開始學習設定界線。以前同事問他假日是否可以協助 debug,他總是覺得不好意思拒絕,怕對方覺得他「不夠挺」。但這樣長期下來,他開始出現職業倦怠。

　　他開始練習說:「我這週真的需要休息,週一我可以協助你排查,但週末我得先讓自己休息一下,這樣下週也能幫到你更多。」

　　沒想到同事反而回:「你可以這樣講真好,我也很累但都不敢說。」

　　他才發現,**界線不是冷漠,是讓關係有空間呼吸。**

第四階段:形象不再是包裝,而是選擇對齊內在

　　一年後,柏翰升任產品組主管。他不再花時間刻意經營 LinkedIn,也不再努力參加不感興趣的社交活動。他專注寫部落格文章分享專案經驗,誠實寫失敗與困難;在每一次合作中,他讓自己變得更能感受他人,

卻也更堅定於自己的步調。

他的團隊離職率低、內部溝通順暢，其他部門主管都說：「柏翰這人很穩，你知道你交代給他，他一定會做完，而且不會出錯。」

這就是人脈資本的真正回報：不是名片數量，而是他人願意在背後為你背書、在需要時主動找你。

理論回顧：沉浸式故事背後的核心觀點

這則故事融合了以下幾項關鍵理論元素：

- **個人品牌＝一致性 × 誠信 × 穩定性**：柏翰從包裝自己，到成為那個值得信任的人。
- **情緒智慧＝能看懂自己情緒，也能理解他人需求**：從暴衝到溝通，從壓抑到表達。
- **真誠＋界線＝信任與自由的雙贏關係**：他不再委屈自己，也不讓對方無所適從。

這樣的故事提醒我們：**所有的人脈經營，都始於一次自我修練的開始。**

■第二章　從內在出發的連結力

人脈不是外在追求，而是內在成熟的結果

　　柏翰的轉變，不在於他做了哪些社交技巧，而在於他選擇成為一個「可被信任、願意理解、能說出自己也尊重他人」的人。這樣的你，無論走到哪裡，人脈都會自然靠近。

　　「你所建立的每一段穩固關係，都來自於你先成為了穩固的人。」

第三章
開啟人脈的主動權

■ 第三章　開啟人脈的主動權

第一節　破冰技巧與首次互動的黃金法則

「善於提問的人，最容易打開陌生人的心。」

—— 克里斯・沃斯（Chris Voss）

打開關係的第一扇門：為什麼破冰這麼重要？

你是否曾在一場活動中鼓起勇氣走向某位你想認識的人，卻在開口前猶豫良久？或者，在與潛在合作對象的初次會談中，明明準備萬全，卻發現彼此氣氛始終尷尬，話題推不動？

「第一印象」這個詞我們都聽過，但在實際人脈經營中，**開場的 30 秒往往決定了一段關係能否開展、能否有續集。**

破冰（Ice-breaking）不是說笑話、裝熟、亂開話題，它是一種**精緻的情境掌握與心理感受的對接技巧**。成功的破冰能夠：

■ 降低陌生感與防備心；
■ 打造輕鬆、舒服的溝通氛圍；
■ 創造「我想繼續聊」的情感流動。

這一節，我們將從行為心理學、談判溝通、社交場景模擬三大面向，深入拆解破冰的黃金法則，幫助你在關係起點就站穩腳步。

破冰前的自我預備：你準備好讓人靠近了嗎？

很多人以為破冰的關鍵在於說什麼，但其實，**你給人的氣場與態度，是決定對方願不願意接收你「話語」的關鍵。**

以下是三個你在開場前應先整理好的心理與行為姿態：

情緒調整：放鬆但有精神感

別讓壓力寫在臉上，也不要太亢奮。自然、自信、微笑，是最佳心理語言。

心態轉換：從「我要得什麼」→「我可以提供什麼」

破冰的目的不是達成目標，而是建立互信。你不是來請求，而是來對話。

關注對方：不是看你自己，而是看對方反應

觀察對方穿著、眼神、肢體語言，找出「開話題」的破口。

破冰的前提，不是話術，而是「你有沒有打開自己的狀態」。如果你自己都還封閉，對方自然難以感受到開放與互動的空間。

破冰三步驟：開場 × 引導 × 過渡

根據談判專家克里斯・沃斯（Chris Voss）的溝通架構，我們可以將有效破冰劃分為三個階段：

步驟一：開場 —— 建立互動情境的鑰匙

開場不該只是一句「嗨，我叫小張」，而是帶有觀察與關心的語句，

■第三章　開啟人脈的主動權

例如：

「剛剛聽你分享很有啟發，可以多問幾個細節嗎？」

「我看到你名牌上寫某某公司，我們其實跟你們有合作經驗。」

這些說法做了幾件事：

- 告訴對方你「注意到他」（被看見感）；
- 傳遞你「有共同點或真誠的好奇」；
- 提供一個對方可延伸回應的語境。

開場的目標：不是炫技，而是讓對方「願意回答你」。

步驟二：引導 —— 找到共同語境的切入點

當對話進行後，立刻進入交換名片或自我介紹會太突兀，建議透過問題引導建立對話節奏：

「你覺得這場活動怎麼樣？」

「你們現在的產品是不是也正在轉向這個市場？」

「你剛提到那段經驗我很有感，我之前也遇過類似的問題 …」

這些問題背後的設計邏輯是：

- 開放式問題；
- 引出故事與觀點；
- 讓對方講多一點，而不是你主導話題。

引導的目標：建立「我懂你／我也有共鳴」的感覺。

步驟三：過渡 ── 從寒暄轉向互動的基礎建立

對話若發展順利，進入五分鐘後的階段，便可以自然切入交換資訊的動作：

「我覺得我們這段對話滿有意思的，有沒有機會之後再多聊？」

「我加你個 LinkedIn 好了，我想把剛剛提到的文章傳給你。」

「這次先簡單聊，下次我們可以找個時間好好交換經驗。」

這樣的語句讓互動進入**後續行動場域**，也給予對方「你不是來搶時間，而是來創造連結」的感受。

實境範例對照：哪種破冰才有效？

讓我們對照兩種破冰方式：

錯誤案例：

A：「你好，我是小志，這是我的名片。」

B：「喔，謝謝。」

A：「我現在在做 AI 應用，跟這場主題很有關係，希望我們可以合作。」

→問題在哪裡？太快切入自我推銷，對方還沒準備好回應，也沒有任何互動感。

有效案例：

A：「嗨，我看到你剛剛問了主持人一個關於用戶數據的問題，我覺得很犀利。」

B：「哈哈，是啊，我們公司這塊最近遇到瓶頸。」

A：「剛好我也在處理這塊，要不要加個聯絡方式，之後聊聊解法？」

→這樣的互動節奏，有觀察、有共鳴、有延伸，才是真正有效的「破冰推進」。

社交類型與破冰對策

每個人面對陌生人時的社交風格不同，你可以先判斷自己屬於以下哪一類，再對應使用不同的破冰策略：

類型	特徵	建議策略
分析型	傾向理性、觀察、不急於交談	使用共同背景／產業資訊破冰
表達型	開朗健談、主動外向	以幽默感或即時互動進入對話
審慎型	害怕出錯、關注細節	用具體小問題逐步建立安全感
驅動型	目標導向、談判思維強	以問題交換觀點創造挑戰性互動

了解自己的風格，可以幫你選對破冰方式，減少不自然感。

建立破冰肌肉的五個日常練習

- **每週主動與一位陌生人對話**：例如問書店店員的推薦，練習自然而有界線的寒暄。
- **準備三套「開場模板」**：依照活動、產業、地點設計對應句型，避免臨場卡住。

- **學會觀察與複述技巧**：對方說「我來自高雄」，你回應「高雄最近變得超有設計感了」，就能延伸話題。
- **建立對話「退出語」**：如「我不打擾你太久，我們再找機會深入聊」，讓彼此都有空間。
- **善用活動工具如名牌、議程表、主題物件**：這些都是破冰的素材與線索。

讓人想再見你一次，才是破冰的真諦

破冰不是靠你多會講話，而是靠你**多會創造讓人舒服的第一印象與互動節奏**。對方記得的，不是你說了什麼，而是你讓他「覺得被理解、被關心、被尊重」。

「**所有長期的人脈關係，都是從一次好的開場開始。**」

學會打開這扇門，你就能真正掌握關係的主動權。

■ 第三章　開啟人脈的主動權

第二節　結識關鍵人物的策略與心態

「若想快走，就一個人走；若想走得遠，就與人同行。」

—— 非洲諺語

誰是關鍵人物？先從定義開始

在所有人脈發展策略中，「認識關鍵人物」常被視為最具價值也最具挑戰的一環。但要做到這一點，我們必須先釐清一個問題：什麼是關鍵人物？

關鍵人物不等於名人，也不一定是地位最高者，而是**在你目前人生階段中，能對你的目標、學習、資源鏈接產生實質幫助與啟發的人。**

他們可能是：

- 某個你想進入產業的資深從業者；
- 能決定專案成敗的決策者；
- 擁有資源、網絡或視野，能幫你看見更高層次的人。

關鍵人物的價值，不是讓你「一步登天」，而是能讓你在人生或職涯某個節點**少走十年的彎路**。因此，主動接觸關鍵人物，不是投機，而是一種智慧的關係投資行為。

為什麼你需要主動結識關鍵人物？

許多人認為「關係是自然而然建立的」，但在現實中，**真正對你有幫助的關鍵人物，往往不是自動靠近的對象，而是你要靠意圖去連結的對象。**

你可能會猶豫：

- 我還沒準備好去找這種大人物？
- 我是誰，憑什麼他們要理我？
- 我怕我太主動，會讓對方覺得我在利用他。

這些擔心都可以理解，但若我們始終抱著「等我更厲害一點再說」的心態，關係就永遠停留在「想像中」。真正成功的人脈布局者，懂得兩件事：

- **關鍵人物不是因為你強才理你，而是因為你有潛力、有誠意、有準備。**
- 主動不是打擾，是表達你對成長與對話的重視。

結識關鍵人物的四大實戰策略

策略一：目標明確，對象具體

許多人在人脈布局中失敗，問題不在於沒認識誰，而在於「太廣泛」。你要問自己：

■ 第三章　開啟人脈的主動權

- 我現在處於什麼階段？
- 我希望向誰學習？為什麼是他？
- 對方擁有我目前缺乏的什麼能力或資源？

請把關鍵人物具象化，寫下三到五位「我希望一年內能見到並建立互動的人」，並簡要描述為何是他，這個清單會成為你人脈策略的導航。

策略二：創造交集，而非突襲式靠近

與其貿然傳訊息說「我很欣賞你，可以請你吃飯嗎？」（這通常會被忽略），不如用以下三種方式創造交集：

- **共同活動場合**：觀察他常參加哪些社群、會議、論壇，找機會共同出現。
- **貢獻式互動**：如轉發對方內容並附上有深度的回饋、在社群發問、投稿評論等。
- **中介式連結**：尋找與你都有交情的第三方請其牽線。

關鍵人物最怕的是「莫名其妙的打擾」，最欣賞的是「準備充足、目標明確的年輕人」。你要做的，是讓他看到你的誠意與可投資性。

策略三：接觸時先給價值，不急著索取

多數人一認識重要人物就急著問：「你可以幫我介紹誰？」、「你能幫我推薦工作嗎？」這種單向索取的行為極易讓人反感。

請記住：「讓人願意投資你之前，你得先讓人看見你的價值觀、思維與行動力。」

所以：

- 分享你對某議題的看法；
- 主動為對方提供資料或協助；
- 表達敬意之餘，也展現你有在努力走這條路。

這樣對方才會覺得：「這人值得我回應，也值得我投資時間。」

策略四：後續關係經營的三個關鍵行動

一旦接上線，不代表人脈就此穩固。你必須：

- **定期更新進展**：簡訊、郵件或簡短分享，讓對方知道你在實踐當初對話的方向。
- **記錄與觀察**：記得對方曾說的某句話、提到的某本書，下次互動時提起，會讓對方感受到你的細膩。
- **回饋與致謝**：無論大小幫助，都要真誠表達感謝，並讓對方知道他的影響力不是白費的。

人脈不是「交換一次名片」而建立，而是「你是否持續在他的人生雷達上」。

心態轉換：不要「搭便車」，要「共行者」

有一種人脈策略我們要特別警惕，那就是**搭便車心態**。他們接近關鍵人物，不是想學習、合作，而是想「快速透過他完成自己的目的」。

這種行為會產生「不對等期待」，使得關係充滿壓力與防備。

■ 第三章　開啟人脈的主動權

你應該思考的是：

- 我能成為對方生態圈的一部分嗎？
- 我是否能成為「值得同行」的人？
- 我的學習、工作與處世方式，能否對他產生正向回饋？

當你以「共行者」的角色靠近關鍵人物，你們的關係將進入真正可持續與互信的狀態。

臺灣觀察：創業圈的「第二圈」人脈力

在臺灣創業圈，第一圈大家熟悉的可能是知名投資人或創辦人，但真正幫助新創快速成長的，往往是那些「第二圈」的關鍵人物：

媒體主編、活動主辦人、法律顧問、創業社群管理者。

他們並非站在鎂光燈下，卻擁有資源流通與網絡搭建的實力。許多成功創業者，都是從與這些「生態系人物」建立信任關係開始，才真正打開業界通道。

所以，**不要只盯著臺上發光的人，關鍵人物常常藏在你忽略的位置。**

關鍵人物不在高處，而在你願不願主動靠近的半徑裡

結識關鍵人物不是一場賭注，也不是偶然的幸運，而是透過清晰目標、真誠準備與持續互動所實現的結果。不要把他們當成高高在上的對

象,而是當成你學習與對話的對象。

　　「**關鍵人物的靠近,不是因為你完美,而是因為你真誠、有方向、值得陪伴。**」

　　下一次當你猶豫是否該主動認識一位影響力人物時,請問自己:我是否已準備好,與他一起走得更遠?

■ 第三章　開啟人脈的主動權

第三節　主動創造連結的實戰方法

「不要等待完美的時機，行動本身就是最好的開始。」

——雪莉・桑德伯格（Sheryl Sandberg）

你主動過嗎？還是只是在等機會？

多數人在人脈經營中，容易掉入一種被動的等待思維：等人介紹、等活動安排、等話題自然出現、等對方主動。表面上看起來是謙遜，其實是一種**對人際關係負責的逃避**。

主動，不代表打擾、不代表冒昧，而是一種：

■ 對於關係負責任的態度；
■ 對未來連結機會的布局；
■ 對個人價值的信任與實踐。

在這一節，我們將從心理心態、實務場景與行動模組三個層面出發，解析什麼叫做「有效且不尷尬」的人脈主動策略，讓你在每一段關係中，都能自然前進，不怕開始。

主動的誤解：不是突襲，是尊重

你可能曾經這樣想過：

「我怕我突然傳訊息會不禮貌。」

「我們也不熟，這樣主動會不會讓人覺得有企圖？」

「我什麼都還沒準備好，等我更強一點再說。」

這些想法其實都是出於對關係的焦慮，但關係的建立恰恰來自於**在對方還沒想到你時，你先主動出現、提出價值，且不帶壓力地交流**。

記住以下原則：

- **尊重對方的時間與空間，但別幫對方做決定**（例如「他應該沒空理我」）。
- **清楚自己想表達什麼，才不會顯得突兀。**
- **有界線的主動，是安全而有感的靠近方式。**

實戰層面一：初次主動聯繫的黃金架構

當你想與某人建立初步連結（如業界前輩、活動中遇見的講者、社群中觀察已久的人），請遵循以下架構撰寫訊息或開啟對話：

1. 明確自我介紹

「您好，我是×××，最近在關注貴公司的策略轉型，很欣賞您上次活動的分享。」

2. 傳達真誠關注與觀察

「您提到的『跨部門整合』讓我印象深刻，尤其提到資料不流通對決策影響很有共鳴。」

3. 提出具體而小的互動提案

「若您有空，我很希望能有機會請益 20 分鐘，了解更多關於您實務上的觀察。若不方便，也完全沒問題。」

這樣的訊息結構：

- 有個人定位；
- 有針對觀察；
- 有行動建議但不強求。

目標不是要對方立即答應，而是讓對方願意開第一扇門。

實戰層面二：日常主動連結的五種情境行動

不論你是自由工作者、企業員工或創業者，都可以在日常生活中，養成以下五種主動行動習慣：

1. 分享有價值的資訊給對的人

看到一篇產業報導，主動傳給可能受用的人，並附上你一兩句觀點（而不是單純轉發）。

2. 出席活動後 24 小時內主動追蹤

參加完活動或聚會，請記得在隔天主動加聯絡方式、打招呼或提出小對話（如：「昨天您提到 AI 與教育的結合我很感興趣，能不能再請教一個延伸問題？」）。

3. 針對舊人脈發出問候訊息

每月選五位半年沒聯絡的舊人脈，主動問候並更新近況。（「最近在準備轉職，也在學習資料分析，不知道你最近如何？」）

4. 提供交叉連結的價值

當你認識兩位有可能合作或共鳴的人，主動撮合並協助初步介紹。別等對方開口，你就是連結的節點。

5. 用個人內容建立對話入口

透過寫作、分享觀點或日常反思文章，讓人認識你的想法，也開啟主動靠近的機會（很多時候，主動行動的回報來自「被看見後被主動接近」）。

主動連結的心理建設：破除三大阻礙

阻礙一：覺得自己沒資格接觸對方

→解方：沒有人是一開始就有資格，是你先展現誠意與行動，才會逐漸獲得回應與認可。

■ 第三章　開啟人脈的主動權

阻礙二：擔心對方覺得你有目的

→解方：不要急著提出請求，先建立對話與信任，讓對方理解你的價值觀與誠意。

阻礙三：怕被拒絕，會很受傷

→解方：關係中的「冷」是常態，不是你不好，而是對方剛好沒空。把人脈連結當作「試探式種子」，慢慢耕耘，而非一次中標。

臺灣實務觀察：那些主動型工作者的潛在優勢

在 2023 年一份針對臺灣中小企業的人才調查中發現，主管在選擇晉升與合作夥伴時，**主動性與互動感被列為前兩大優先考量**。

其中，具備以下特質的主動型人才最受青睞：

- 主動向其他部門了解流程，減少合作成本；
- 主動請益並回饋，形成學習型互動；
- 主動維繫對外窗口關係，成為資源中介者。

主動，不僅讓你獲得機會，也讓你成為他人眼中的機會。

你不必等到完美，才能主動展開關係

主動連結的關鍵，不在於你夠不夠厲害，而在於你**是否相信自己值得被認識**，也願意給他人機會成為你的一部分。

第三節　主動創造連結的實戰方法

「真正的人脈高手，從不等待被看見，他們創造被看見的時機。」

下一次當你再猶豫「要不要傳那封訊息」時，請想一想：對方可能正在等的，就是一位主動而真誠的人。

■ 第三章　開啟人脈的主動權

第四節　沉浸式故事理論解說：開場即信任的社交布局術

「第一印象無法重來，但可以被設計。」

—— 喬・納瓦羅（Joe Navarro）

不是你多努力說話，而是對方是否願意打開

每個人在人脈起步階段都會面臨一個相同挑戰：如何打開第一個對話、如何讓彼此「想再繼續互動」、如何在一開始就產生信任的氣場。這不是說話技巧的問題，而是整體互動「設計」的問題。

本節，我們透過一則沉浸式故事，融合前面三節的策略與心態：破冰的節奏、關鍵人物的接近心法、主動連結的行動設計。這不只是一次對話練習，而是一場信任建立的真實演練。

故事主角：邱品硯，32 歲，獨立品牌顧問

品硯是一位視覺設計出身的創業者，過去在廣告公司工作六年，後來離職成立個人品牌顧問工作室。他有才華、有實力，也持續有客戶，但他知道自己一直停留在「中型案子」的接案層級，無法觸及大型企業的策略圈，原因不是專業力不足，而是**人脈圈層打不開**。

他自問：「我有作品、有案例、有誠意，為什麼就是沒辦法突破關鍵客戶的信任門檻？」

第四節　沉浸式故事理論解說：開場即信任的社交布局術

轉捩點出現在一次企業領袖論壇。他不是講者，只是旁聽者；而在現場，他看到了關鍵人物——一位國際連鎖零售集團的品牌長。這是他夢寐以求想接觸的層級，這家公司也正在招標品牌顧問。

但他沒有認識任何人，也沒有背景資源可依賴。

第一幕：從觀察與提問，打開第一道對話門

論壇中場休息時，他看見品牌長在取餐桌旁單獨站著。大多數人不是在寒暄，就是圍著熱門講者聊天。他決定主動接近，但沒有急著打招呼。他先在距離兩步外的地方，微笑點頭示意，然後故意等待對方眼神回應。

一秒後，他走近說：「剛剛聽您在座談會提到『品牌信任要從門市第一線開始』，我很有共鳴，因為我前陣子在研究零售品牌接觸點設計，您的觀察讓我有些新的想法。」

對方轉頭，禮貌微笑：「是嗎？你也是做品牌的？」

品硯點頭：「是的，我目前是獨立品牌顧問，協助幾個地方消費品牌重新調整門市體驗設計。」

對話至此，沒有遞名片、沒有請託，只有一段誠懇而關聯性強的互動。對方沒有迴避，甚至主動說：「你有作品網站嗎？有機會可以交流看看。」

品硯立即回應：「有的，我之後傳給您，這次就不打擾了，祝您今天順利。」禮貌結束互動，讓彼此保持空間。

■ 第三章　開啟人脈的主動權

第二幕：主動追蹤，但不造成壓力

回家後當晚，他傳了一封簡訊到對方 LinkedIn 帳號：

「您好，今天在論壇中很高興聽到您的分享，我是中場休息時跟您聊到門市體驗設計的品硯。我把我過去的一些合作案例網站附上，若您有興趣也歡迎看看。我一直很關注貴集團的策略，希望有一天能參與其中一點貢獻。再次謝謝您的回應，祝一切順利。」

他沒有提案、沒有價格、沒有要求，而是創造了對方「回看他」的動機。這封訊息的重點在於：

■ 對話脈絡清晰；
■ 關聯點具體；
■ 展現價值、留下痕跡，但不推銷。

品牌長既然已經開啟回應，這時只要「不過度」，反而讓人更願意往下認識。

第三幕：從內容互動進入信任節奏

三週後，品牌長回信說：「最近我們內部剛好在整理門市體驗規劃，我轉發你的網站給我們行銷部主管看了，他們很有興趣，可能會聯絡你安排初步對談。」

品硯沒有馬上回信追問，而是隔天早上才回：「非常感謝您這麼慷慨的推薦，我會好好準備，無論結果如何，這都是一份值得珍惜的回應。」

第四節　沉浸式故事理論解說：開場即信任的社交布局術

一週後，他如期收到品牌部主管的電話，安排簡報面談。那場面談他依舊保持之前的節奏──分析客戶現況、提供初步建議、分享過往成果，但不做過度承諾，也不報價。離開時，他只說：「這次分享很開心，無論未來是否合作，我都樂意繼續學習貴集團的品牌觀察，這段互動已經很有收穫。」

第四幕：關係不是一瞬間，而是一條信任曲線

兩個月後，品硯正式接到合作邀請，協助進行其中三家門市的品牌重塑案。接下來半年內，他與品牌部門逐漸建立信任，從視覺設計到顧客動線策略，參與越來越多。

品牌長也在內部多次主動提及他的專業，甚至幫他介紹另一間國際服飾品牌的企劃團隊。

這不是因為他「背景夠強」、「很會自我推銷」，而是因為他從第一刻起，用**設計過的主動節奏**，構築了讓人願意靠近、願意續談、願意推薦**的信任軌跡。**

故事拆解：如何複製這條「開場即信任」的布局路徑？

這則故事融合了第三章前三節的三大核心策略，以下是對應邏輯：

破冰技巧不是隨機，而是建立在觀察與共感之上

品硯不打招呼說「我很欣賞您」，而是提起具體對話內容，創造即時共鳴。

■第三章　開啟人脈的主動權

接近關鍵人物不是拜訪，而是設計出一段合理又自然的對話節奏

從論壇互動、後續追蹤、再到被動等待回應，每一步都有節奏。

主動連結不是侵略，而是誠意與自我定位的展現

沒有焦慮、沒有過度訊息，而是一種讓人覺得「這人懂得分寸」的連結感。

關係的開端，來自於你給人的感覺

品硯的故事不是少數人的幸運，而是每個懂得用設計眼光看待互動節奏的人，都能複製的策略。從觀察到行動，從發聲到退場，每一步他都沒有搶焦點，卻逐步走進信任圈。

「讓人想再次聽你說話，不是因為你話說得多，而是你讓人感到舒服、被理解，且想持續互動。」

這，才是「開場即信任」的真正奧義。

第四章
建立持久且互利的人脈關係

■ 第四章　建立持久且互利的人脈關係

第一節　打造可延續互動的人脈機制

「人脈不在於你認識多少人，而在於有多少人記得你、願意再次找你。」

―― 基斯・法拉奇（Keith Ferrazzi）

建立關係，不該是一次性的社交打卡

在大多數社交場合中，我們都很容易累積許多名片、交換了很多連結、甚至聊了幾句「很投緣」的話。然而幾週後，你卻發現這些關係大多無疾而終，對方沒有回覆你的訊息，你也不好意思再打擾。結果就是：**人脈看起來很多，實際可用資源卻很少。**

這不是你不夠積極，而是**你沒有建立一套讓關係可以延續下去的互動機制。**

人脈的本質，是一種能持續運作的信任流動。想要擁有長期互動的關係，不靠天分，也不是靠對方記性好，而是你是否設計出一套讓彼此都「有理由繼續連結」的節奏與方式。

這一節，我們將從三個面向探討：

■ 什麼是可延續的人脈互動機制？
■ 為什麼沒有設計這套機制，關係就容易中斷？
■ 如何在不造成壓力的情況下，讓關係自然持續並深化？

什麼是「人脈機制」？它不是僵化公式，而是互動的節奏設計

所謂的人脈互動機制，其實就是**一套讓對方持續「看到你、記得你、願意與你互動」**的設計流程。它並非靠「頻繁打招呼」這麼簡單，而是：

- 有節奏：互動不需天天，但有「固定出現」的頻率。
- 有價值：每次互動對對方都有資訊、情感或社群上的價值。
- 有延伸：互動能創造下一步行動，例如對話、轉發、介紹、合作或共同學習。

它像是一套社交中的自動回流系統，讓你不必時時推銷自己，卻能在人脈網中保持「活躍但不黏人」的角色。

沒有互動機制的三種常見人脈錯誤

1. 只聯絡一次就期待對方記得你

很多人與對方見過一次面、聊過一次天、交換過一次訊息，就以為關係建立好了。事實上，在資訊爆炸的當代，**如果你沒有創造後續出現的理由，你就會被自動遺忘。**

2. 無節制地關心、打擾

反過來，也有人太過積極，每隔幾天就發訊息問候、轉貼文章，反而讓對方產生壓力，覺得你是個「需要被管理的人脈」，而非值得信任的互動夥伴。

3. 無設計的內容互動

有些人會試著寫社群貼文、經營 LinkedIn，但內容沒有聚焦、語氣不一、風格不穩，讓人看了也不知道你是誰、要傳達什麼。這種失焦的存在感，反而無法加深記憶點。

可延續互動機制的三大設計原則

原則一：建立「可預測」的互動節奏

你是否曾在 IG 或 LinkedIn 上看過某人每週固定發一篇整理貼文？或是每月寄出一封實用的職涯電子報？這些行為建立的，是**在他人心中「你會在這個時間出現」的預期感**。

- 若你擅長寫作，可以每兩週固定分享專業見解；
- 若你常參加活動，可以每月總結一次人脈觀察；
- 若你有維繫習慣，可以設一個「每月關心五人」的個人行事曆。

這些行動建立的是節奏，而節奏帶來熟悉感，熟悉感就是信任的起點。

原則二：創造「不打擾但有感」的互動場景

真正厲害的人脈維繫者，不是主動敲訊息，而是設計場景讓對方「想起你」。例如：

- 遇到對方提過關心的主題時，轉貼一則新聞並說：「這則內容讓我想到你之前提到的……」

- 在別人達成某目標時,發訊息祝賀,並提出你的觀察(而非制式恭喜)。
- 偶爾轉貼別人文章時,tag 對方說:「這篇文的觀點跟某某某曾經分享的很接近。」

這些都是一種社交「聲音」,讓你被記住,卻不黏人、不侵入。

原則三:建立互動循環,而非單向維繫

很多人維繫關係時,總是「我傳東西給你」,但沒有讓對方有機會參與互動或貢獻,久而久之就成了單向消耗。

請試著設計可參與的連結點:

- 邀請對方參與你正在進行的計畫(例如回饋意見、推薦書籍等);
- 問對方最近有沒有想了解的主題,下次分享時納入;
- 合作整理資料、共同創作內容、甚至只是一句「這議題你怎麼看?」

關係要活,必須雙向。

臺灣實務觀察:設計型人脈維繫者的成功樣貌

在臺灣的社群圈中,有一群並非最會社交、但卻人脈極穩定的實踐者。他們通常具備以下特質:

- **內容輸出穩定**:不一定天天發文,但風格明確、主題聚焦。

- **行動紀錄透明**：讓人知道他在做什麼、正在前進什麼。
- **互動方式溫和而不消耗**：互動有質感、不造成壓力。

例如一位行銷顧問在每次專案結束後，會寫一篇「合作學習筆記」，並標記相關夥伴。他不是為了讚美，而是讓彼此的工作被看見、被延伸。這樣的舉動讓他成為業界「最值得合作的人之一」，因為他讓關係變成舞臺，而非工具。

可延續互動的五種實作模式（你可以立刻開始）

- **每月一則「深度主題短文」**：聚焦你擅長的領域，定期輸出，培養內容記憶點。
- **建立「關心日」清單**：像生日提醒一樣，每月初回顧上個月有沒有誰可以發訊問候或致謝。
- **製作「個人推薦清單」**：閱讀書籍、看電影、參加活動後製作整理文，順便 tag 合適對象。
- **舉辦小型線上互助會**：定期邀請三五位關係人進行主題聚會，創造小群體互動。
- **主動提出延伸合作機會**：當對話達成一次後，主動提議下次如何延伸或共同產出什麼（非商業合作也可）。

第一節　打造可延續互動的人脈機制

> 人脈從來不是一次性任務，
> 而是雙方共同經營的節奏場

打造可延續的人脈互動機制，不是為了「讓人記得你」，而是讓彼此之間有一個自然、不用催促就會持續流動的信任系統。

「**真正可用的人脈，不是你打開通訊錄可以找到誰，而是誰會主動想到你。**」

讓自己成為那個會被想起、會被標記、會被提到的人，你就擁有人脈世界裡最強大的資本：**存在感 × 可持續 × 信任密度**。

■第四章　建立持久且互利的人脈關係

第二節　信任維護的長期策略

「信任是用行為累積起來的，而不是用言語承諾出來的。」

—— 史蒂芬・柯維（Stephen R. Covey）

信任不是一次建立，而是一生維護

在人脈經營的世界中，最寶貴的資源不是時間，也不是權力，而是 —— **信任**。信任就像關係的貨幣，它決定了別人是否願意幫助你、站在你這邊、替你背書、介紹資源、提供機會。然而，大多數人對於「信任的維護」理解過於表面，認為只要誠懇、守信、不說謊，就是值得信賴。

事實上，在關係密度越高、合作越深入的情境下，**信任的內涵更複雜也更動態**。它不只包括誠信，還包括「回應的穩定度」、「承諾的可持續性」、「面對衝突的態度」、「時間拉長後的一致性」等要素。

本節將帶你理解 ——

- 為什麼信任不能用一次互動衡量；
- 人際互動中信任如何被「使用」與「消耗」；
- 如何在時間與壓力之中，維持高信任指數，甚至持續升級。

信任的五個核心構面：你要維護的不只是形象

根據《高效能人士的七個習慣》作者史蒂芬・柯維的信任模型，信任可拆解為五大構面：

誠信（Integrity）

你是否言行一致？是否能在誘惑前堅守原則？

能力（Capability）

你是否有持續維持專業的能力？能否讓人放心地交辦任務？

結果（Results）

你過去是否完成過值得信賴的工作？是否具備實績？

意圖（Intent）

別人是否感受到你行動背後的良善動機，而非算計或操控？

情緒穩定（Reliability）

你是否在壓力下仍能保持理性與尊重？是否會因情緒變化影響合作態度？

真正建立高信任關係的個體，是這五個構面都穩定輸出的關係者。只靠誠懇、但能力弱、結果差，也難以獲得信任；反之，只靠能力強、但動機令人不安，也不會是值得長期合作的人。

信任會被消耗，尤其是在關係靜默期

許多人會說：「我跟他很好，雖然一年沒聯絡，但感情還在。」這句話適用於親情、友情，但不適用於**功能性人脈關係**。在職場、合作、跨

■ 第四章　建立持久且互利的人脈關係

域社群中，**信任若沒有持續被「更新」與「回應」，就會默默下滑。**

以下是最常見的信任消耗情境：

■ 過去曾幫助你的人，你在成功後未主動回報或致謝；
■ 合作時推諉責任、回覆不穩定、消失不回應；
■ 答應某件事卻拖延，或最後不了了之；
■ 對外提及過往合作，卻不再尊重對方角色或貢獻。

這些狀況不一定是惡意造成，但卻會在對方心中產生一種「你變了」的失落感。人脈的穩固不在於初期多麼熱絡，而在於**是否持續經營出一種「你始終是那樣的人」**的印象。

維護信任的長期策略：從日常習慣開始

1. 主動更新自己，不讓對方擔心你是否還值得信任

在臺灣職場與創業圈，一句很常聽到的話是：「他現在好像比較難合作了。」這句話很多時候不是批評，而是「不確定你現在還是不是以前那個可以依賴的人」。這種不確定性會導致信任下滑。

所以，你要做的第一件事就是：**主動更新**。

■ 更新你的狀態、角色、方向（如 LinkedIn、名片、社群發文）；
■ 在關係靜默期仍偶爾互動，讓人知道你還在「這個場域裡」；
■ 完成階段性任務時主動回報，展現責任感與透明度。

信任不是對「你曾經的樣子」的緬懷，而是對「你現在仍然值得信任」的確認。

2. 處理爭議時展現高標準回應

最容易失去信任的，不是你做錯什麼，而是你「處理錯誤的方式」讓人感到你靠不住。

若在合作、對話或衝突中發生爭議，請記住以下策略：

- **承認而非推託**：「這部分是我沒處理好，很抱歉讓你多擔心。」
- **補救而非閃避**：「我目前已採取兩項處理方式，會在兩天內給你回覆。」
- **理解對方感受而非辯解立場**：「我理解你會有這樣的反應，我若是你也會這樣感受。」

誠實、快速、溝通透明，是一段關係是否會在「負面事件後」變得更穩固的關鍵。

3. 讓人「有參與感」，是最高段的信任維繫方式

當你與某些人合作過後，想要持續深化關係，可以創造「延伸參與」的場景。例如：

- 分享成果時標記與你共事的人；
- 問對方是否願意針對某項議題給建議，讓他「有貢獻感」；
- 發起小型聚會、線上對談，邀請過往互動者參與。

■ 第四章　建立持久且互利的人脈關係

讓人覺得他不只是「曾經幫你的人」,而是「現在也還在一起推動什麼的人」。

這樣的信任,不只存在於記憶中,而存在於共同行動裡。

信任的複利效應:從點對點到網絡的信用轉移

當你與一位業界人物建立穩定信任關係後,這段信任會產生**網絡性的影響力**,也就是:

- 他願意主動為你背書;
- 他願意引薦他的人脈給你;
- 他願意公開提及與你的互動經驗。

這是「信任的複利效應」。你不再只是「值得信任的人」,你變成「值得介紹的人」、「值得推薦的人」。而這一切,建立在**你是否讓他能穩定地相信你會維持原本的樣子**。

臺灣觀察案例:從行動到穩定信任的合作典範

某位知名科技顧問公司合夥人,在一次媒體訪談中談到他與一位初創品牌顧問合作多年的原因。他說:

「我不是因為他設計最厲害,而是因為他永遠守時、永遠回得快、永遠不閃躲問題。久了,我每次遇到企業朋友有設計需求,第一個想到的就是他。」

這段話揭示的不是專業力的極限，而是**穩定性、可預期性與一貫性**所帶來的信任加值。

你守得住的信任，就是你未來所有人脈的根本

信任不是「一次建立就永遠有效」，而是每一段互動、每一個行為、每一次反應所累積起來的結果。最終，決定你在人脈網絡中價值的，不是你會什麼、說什麼，而是**人們是否認定你是個「可以信賴的人」**。

「願意跟你走很遠的那群人，只會留在你最值得信任的那一面。」

從今天起，練習說到做到、及時回應、透明面對，就算不是最出色的表現者，你也會是那個最可靠的合作夥伴。

■第四章　建立持久且互利的人脈關係

第三節　關係升級的時機與轉換技巧

「一段關係若不成長，就會走向自然疏遠。」

—— 約翰・麥斯威爾（John C. Maxwell）

人脈關係不是靜態，它需要階段性成長

在人脈經營中，初次連結並不是終點，而是起點。一段關係的價值不在於是否曾經互動，而在於**是否能夠隨時間與情境變化升級成更深層的信任與合作層級。**

然而，很多人會卡在關係的第一層 —— 也就是「我們見過面，聊過幾次，但始終無法往前走」。這往往不是對方不願意，而是你沒有把握好升級的**時機**與**轉換的技巧**。

這一節，我們將深入探討：

■ 如何判斷關係可以升級的時機？
■ 關係升級有哪些常見的迷思與錯誤操作？
■ 如何以自然、不尷尬的方式，讓關係進入更高一層的互動與信任？

關係升級的四個層次模型

為了理解關係的成長節奏，我們可以將人脈關係的發展分成以下四個層次：

- **互相認識（Awareness）**：彼此知道對方是誰，有基本印象。
- **建立信任（Trust）**：互動數次，開始對彼此價值觀與行為穩定性感到放心。
- **合作嘗試（Collaboration）**：展開一次或數次具體合作或任務交流。
- **共同成長（Synergy）**：進入長期合作、共同投入資源、相互推動的關係。

這四個層級之間沒有明確界線，但若你長期停留在前兩層，很容易被取代；只有進入後兩層，你才真正成為他人網絡裡的「核心人物」。

如何判斷「關係可以升級」的時機？

以下是幾個實務上常見的升級信號：

1. 對方開始主動詢問你的想法、觀點或計畫

這表示他對你產生信任，願意了解你的價值判斷。

2. 對方願意分享自己正在做的事，甚至主動給出意見

這代表他已經把你視為可以討論與合作的夥伴。

第四章　建立持久且互利的人脈關係

3. 對方在公開場合提及你、標記你、主動轉發你的內容

這是他在「對外關係中」納入你，意味著更高層級的認可。

4. 對方在你未主動請求的情況下，提供協助、建議或連結資源

這是高度信任的實質展現，也是一種「可以進一步提出合作」的好時機。

當你發現上述任一訊號時，就該開始思考如何讓這段關係往下一層邁進。

常見的關係升級誤區

誤區一：一有交情就立刻提出合作請求

關係升級不等於直接要求合作，若對方尚未準備好承接責任或風險，這會破壞現有的信任。

應對策略：先嘗試微型互動或小任務合作，如一篇共同發表的文章、一場座談的共同行程等。

誤區二：期待對方主動升級關係

許多人會說：「他都沒有再找我，可能沒興趣了吧。」其實有時對方只是工作忙碌、無法分心。若你能主動提出具體合作想法，對方反而會感謝你幫他做了選擇題。

應對策略：主動但不強求，提出有價值的下一步行動建議。

誤區三：升級過程缺乏轉換鋪陳

從「聊得來」直接跳到「合作夥伴」會讓人心中落差太大。

應對策略：**使用過渡語言與中介情境，讓升級更自然。**

關係升級的三大轉換技巧

技巧一：提出共同計畫，而非個人請求

錯誤：「你可以幫我介紹某某嗎？」

正確：「我最近在構思一個針對青創者的線上講座，你過去的經驗非常關鍵，不知道是否有機會邀請你一起參與設計？」

這種說法把對方「邀進來」，不是「請他幫你」。

技巧二：創造雙向貢獻的理由

錯誤：「我們可不可以合作一場活動？」

正確：「你在品牌操作的經驗和我在社群設計的觀察可以互補，我們是不是能討論看看能產出什麼新東西？」

這樣的語言讓對方感受到**自己會從中獲得成長或收穫**，而非只是「幫忙你」。

技巧三：建立「彼此更了解」的對話空間

在提出合作前，可以先安排一次深度對談、學習分享、觀點交流等小型互動，這些都是升級前的過渡設計。

你可以說：「我最近正在針對你提過的議題寫一篇短文，也想請教你

■第四章　建立持久且互利的人脈關係

幾個看法,不知道你什麼時候方便聊個十五分鐘?」

這樣的鋪陳自然、無壓力,但卻可能帶來關係質變。

臺灣職場案例觀察:升級成功的信任布局

臺灣某行銷策略顧問陳郁婷(化名),原本只是某電商平臺內容部門的外包寫手。她從不急著提出合作,反而每月固定整理行銷趨勢報告寄給窗口主管,並在報告中不時針對品牌策略提出建議。

幾個月後,主管主動邀她參與年度企劃策略會議。郁婷沒有立刻要求升級合作,而是參與會議後撰寫了一份「品牌敘事再造建議書」發給對方,裡頭不提報價,也不提案。

兩週後,她接到正式邀約:成為該品牌長期合作顧問。

這段升級關係的關鍵點是:

- 節奏穩定;
- 貢獻先於請求;
- 行動大於言語;
- 給出可見的價值前,讓對方先感受到「可以信任」。

關係升級,是彼此互信與互利的進化過程

關係不是在「相處久了」就自動變得深,而是你有沒有**設計互動升級的機會、打造合作的空間、創造雙向成長的可能**。

第三節　關係升級的時機與轉換技巧

「沒有被升級的關係，終究會被時間稀釋；而能持續進化的關係，才是你人脈資本中的長青股。」

你不需要等對方主動，更不需要等「夠熟了」才行動。你需要的，是觀察、設計、提案與鋪陳，**讓對方有理由，也有動力**，一起走得更深、更遠。

■第四章　建立持久且互利的人脈關係

第四節　沉浸式故事理論解說：人脈進化的臨界點

「人脈真正的價值，不在於你認識誰，而在於你能與誰一起走多遠。」

—— 約翰・杜爾（John Doerr）

從點狀互動到關係進化的決定性瞬間

　　人脈從來都不是靜態的。它既非一次性互動的結果，也非長時間默契就必然能延續。**真正有價值的人脈關係，是經歷了信任的考驗、合作的轉折，以及「從個別互動升級成共同行動」的臨界點後，逐步形塑而成的。**

　　這一節，我們將以沉浸式故事形式，展現一段典型的人脈進化歷程。主角不是靠背景，而是靠行為與判斷，從初識、信任建立、再到關係升級，並在一次關鍵行動中進入了「人脈共創期」。本章整合了前三節內容 —— 互動機制、信任維護、關係升級 —— 透過故事展現理論的真實運作。

楊晨曦，35歲，社會創新工作者

　　楊晨曦畢業於社工系，一路走來都在非營利組織工作。她不擅長行銷、沒有創投資源，也從未參加過大型人脈聚會。她的強項是付出行動 —— 協助街友就業計畫、建置青年志工系統，十年間默默累積了幾個

第四節　沉浸式故事理論解說：人脈進化的臨界點

扎實的專案成果。

但她知道，要讓計畫擴大規模，光靠努力不夠。她需要跨界合作，需要資源鏈結，需要找到「讓她的理念能被更多人看見的人」。

第一階段：建立節奏穩定的互動機制

晨曦不是那種能在社群高調發聲的人，但她從兩年前開始，每月固定寫一篇簡短的社創筆記，發表在她的個人部落格與 LinkedIn。文章不求流量，只談她這個月在第一線觀察到的挑戰與反思。

其中一篇〈從街頭生存到職場適應：我學到的三件事〉被一位知名企業 CSR 經理轉發，還留言：「這提醒我們不能只談 ESG 指標，要看見人的真實困境。」

她主動私訊感謝，並回覆：「如果您有興趣深入了解我手上的計畫，我很樂意整理一份報告給您。」

對方禮貌回應：「可以看看，有沒有哪天你們有公開的活動，我也想參加。」

就這樣，她進入對方的社交雷達。

第二階段：以「高信任密度」方式維持關係

晨曦並沒有急著提出合作，而是選擇持續與對方分享組織更新、志工培訓成果、有趣的觀察。她每封訊息都短短一段，不強求回應，卻讓

101

■第四章　建立持久且互利的人脈關係

對方感受到她的誠懇、穩定與透明。

過了四個月，企業 CSR 部門舉辦一場公益資源媒合會，晨曦報名參加，現場她沒有主動要求資助，而是發表了一場關於「社會邊緣人就業中的心理落差」的五分鐘短講，言之有物、情感真摯。

散場時，CSR 經理主動走過來說：「你願意在我們的內部簡報日再講一次嗎？我覺得我們部門的策略設計需要你這樣的真實視角。」

這是信任的臨界點。

第三階段：創造合作提案的「升級接縫」

晨曦接受邀請，進入該企業內部簡報。她設計了一份不賣弄、不悲情、以數據與真實故事平衡的報告。簡報結束後，有三位部門主管當場加她聯絡方式，並說：「我們的同仁志工服務可能可以與你們結合。」

這時，她做了一個重要決定──不主動開價或爭取贊助，而是提出一份共學提案：「我們可以設計一套雙方人員共創社會服務的實驗模型，讓員工成為街友創業陪跑員。」

這不只是請求合作，而是一個「共同成長」的框架。她讓對方看見的是：**這不是資源輸出，而是共同創造價值。**

第四節　沉浸式故事理論解說：人脈進化的臨界點

第四階段：從關係升級走向網絡合作

接下來半年，晨曦與 CSR 團隊共同設計出「社會韌性工作坊」，她帶著曾參與輔導的街友學員，與企業員工進行故事交換與角色轉換練習。結果不只被公司內部員工讚譽，還被邀請至其他關係企業複製方案。

這段關係從原本的資訊互動，成為**組織與組織之間的長期共創關係**。後來 CSR 經理公開在企業年度報告中引用她的說法：「我們不是給予機會，而是學會與社會中最堅韌的人並肩前進。」

而楊晨曦，也從一位默默耕耘的社會工作者，進入了跨界社創網絡的核心。

理論總結：這段故事如何實踐前三節的理論策略？

可延續的互動機制

晨曦用固定內容輸出（月筆記）建立個人存在感，並在無壓力的節奏下保持互動。

信任維護的策略

她不急著建立合作，而是讓對方感受到穩定、誠實、有價值的觀點與行動紀錄。

關係升級的關鍵操作

她在對方主動示好後，設計了合作提案，採取的是「共創」而非「請求」的語言，創造了升級的自然節奏。

■第四章　建立持久且互利的人脈關係

　　這三大策略的整合，促成了她與企業之間的「人脈進化」，而非止於互動與讚賞。

所有人脈的進化，都發生在你勇敢又細膩的行動裡

　　人脈不是流量，也不是地位，更不是你累積了多少人的名片，而是**你是否有能力，讓一段互動逐漸變成共識、共事、共創的關係。**

　　「人脈真正的臨界點，是從你被看見，到你讓對方也被成就。」

　　每一次回覆、每一個提案、每一場分享，都是你走向關係進化的機會。你不必成為最會說話的人，只要成為最願意負責任、穩定行動、相信互利的人，人脈進化的臨界點，終會因你而到來。

第五章
擴散影響力的人脈槓桿

■第五章　擴散影響力的人脈槓桿

第一節　社群經營與個人品牌的結合策略

「你的品牌，是當你不在場時，人們怎麼談論你。」

　　　　　　　　　　── 傑夫・貝佐斯（Jeff Bezos）

社群不是聲量，而是信任的集體證明

　　在當代人脈經營的場域中，「社群經營」與「個人品牌」早已不再只是行銷人的工作，而是每一位專業人士、創業者、甚至自由工作者的人際策略核心。

　　社群，代表你如何與世界保持連結。個人品牌，代表你在他人心中所留下的總體印象。當這兩者能夠有效結合，你的人脈策略便進入一個新的層次 ── **讓信任擴散、讓影響力放大、讓關係自主靠近你。**

　　本節將帶你理解：

■　為什麼社群經營不只是曝光，而是關係資產的經營；
■　個人品牌如何成為人脈擴張的信任轉換器；
■　如何透過策略性社群設計，打造可持續擴散的個人影響力網絡。

社群與人脈的關鍵關係：從「我找人」到「人找我」

傳統人脈觀念是：我要主動去找誰、認識誰、敲門進入誰的圈子。而在社群與個人品牌運作良好的情況下，關係將會倒轉——**人會因為對你產生興趣與信任，主動找上門來。**

這種轉變有三個重大意義：

- **降低人脈拓展的成本**：你不需要每次都從零開始建立關係，而是透過內容與信任持續經營，讓對方在初次互動前就對你有所認識。
- **提升關係的互補精準度**：真正了解你價值觀與專業定位的人，才會主動接觸，這讓人脈的品質遠高於廣撒網。
- **強化影響力的延展性**：當社群內有人願意主動分享你、提到你、推薦你，你的人脈就不再只靠一對一經營，而是進入「社會證明」擴散期。

個人品牌不是包裝，而是價值的穩定輸出

在建立個人品牌的過程中，最容易誤解的是：「我是不是要創造一個形象？」但真正有效的個人品牌，從來不是形象工程，而是**你價值輸出的真實紀錄與穩定表現。**

一個強而有感的個人品牌具備以下特徵：

- **價值主張明確**：你對世界的看法是什麼？你解決什麼樣的問題？你想成就什麼改變？

第五章　擴散影響力的人脈槓桿

- **輸出風格一致**：你的語言風格、視覺調性、回應方式，是否讓人有「這就是你」的辨識感？
- **內容與行動同步**：你說的，是否真的在做？你做的，是否能被看見？

當你持續輸出具有價值的內容與行動紀錄，久而久之，**你在別人心中就成為「某種問題的代表性人物」**，這種記憶與定位，才是人脈願意靠近你的根本原因。

如何讓社群成為人脈經營的槓桿平臺？

我們可將社群分為三種經營層次：

1. 公開輸出型社群（例如 Facebook 專頁、LinkedIn、Medium）

功能：建立公開信任與觀點傳播。

策略：

- 每月固定輸出 1～2 篇觀點型文章，針對特定議題提供洞見；
- 積極互動：對留言回應、對相關領域內容參與評論；
- 與既有人脈互動連結，透過 Tag 與共同發文強化彼此曝光。

此類社群的目標是建立「你代表某個價值或專業」的公共認知。

2. 圈內互動型社群（例如 LINE 群組、私人 FB 社團、Discord 社群）

功能：強化小群信任與資源交換。

策略：

- 每週設計一次討論主題或資源交換，讓互動具體；
- 將合作過的人脈集中於一處，創造二次關聯機會；
- 設計「小貢獻循環」：如邀請成員分享一本書、回顧一段經驗、轉介一項資源。

此類社群的目標是讓你不只是主導者，而是**提供互惠場域的節點**。

3. 內容共創型社群（例如共同 Podcast、直播、跨文企劃）

功能：透過共同產出內容深化彼此關係。

策略：

- 定期邀請圈內成員共創內容（對談、合寫、短講）；
- 讓參與者可以被看見，並延伸到他的網絡；
- 讓共創變成新關係的門票：邀請尚未熟識但認同理念者一起參與。

這是人脈經營中最高效能的一種形式，因為**內容共創同時產生信任、可見度與連結深度**。

臺灣實務觀察：個人品牌與社群槓桿的成功範例

以行銷顧問游子霏（化名）為例，她原本只是公司內部的簡報設計師，後來在 LinkedIn 上固定分享「資料視覺化的簡報邏輯」系列短文，風格簡單清晰，三個月後被多位業界人士轉發。她從不刻意自誇，只在文末附上「我目前正協助幾個中小企業優化簡報策略，如有需要歡迎討論」。

第五章　擴散影響力的人脈槓桿

這樣的穩定輸出使她被一家新創公司邀請為年度發表會做視覺顧問。這之後，她創立了一個「簡報思考小聚」，每月聚會一次，邀請想強化簡報能力的創業者與職場人參與，分享案例並互評彼此的簡報邏輯。這個社群後來演變成她開課、接案、共同出版的起點。

關鍵是：**她用內容創造了信任、用社群創造了延伸、用個人品牌聚焦了角色定位。**

建構你專屬的「人脈槓桿矩陣」

我們建議讀者可以依據自己的專業背景與興趣方向，打造一個三層次的矩陣策略：

社群層級	功能定位	內容頻率	可觸達對象	經營重點
公開輸出	建立形象	每月2次	不特定大眾	專業洞見、價值觀
圈內互動	維繫關係	每週1次	合作過或潛在合作對象	資源交換、觀點對話
共創平臺	深化信任	每季1次	互補人脈	共同產出、共享影響力

你不需要全部同時經營，但只要開始形成任一層次的策略節奏，你的人脈就不再靠機會，而是靠設計擴展。

從你說什麼，到別人願意替你說什麼

真正強大的人脈，不是你告訴大家「我很專業」，而是有越來越多人願意說：「這件事，我覺得你可以找他。」

「社群讓你被看見，個人品牌讓你被記住，兩者結合，讓你成為人際網絡裡的磁場。」

從今天開始，試著用自己的語言與節奏，持續輸出價值、創造互動場景、設計信任環節。你會發現，不再需要辛苦找關係，而是關係開始找上你。

第五章　擴散影響力的人脈槓桿

第二節　內容影響力與關係延伸的連動

「內容就是貨幣，在人際關係中，內容的價值會決定你的人脈流動速度。」

—— 蓋瑞・維納查克（Gary Vaynerchuk）

為什麼「內容」是關係延伸的催化劑？

在過去，人脈拓展主要依賴實體互動：會議、聚餐、活動。但如今，**你是否能被人看見與被人記得，很大一部分取決於你是否穩定產出具影響力的內容。**

內容影響力指的是：你透過文章、講座、影音、簡報、社群發文等形式，讓他人理解你的價值觀、信任你的專業判斷，甚至主動將你納入他們的決策與推薦網絡中。

而當內容成為觸媒，它不只是吸引陌生人，而是讓現有人脈持續靠近、舊人脈產生回流、新人脈進入你的影響圈。

內容影響力的三層價值：從能見度到轉化

我們可以將內容影響力對關係的影響分為三個層級：

1. 曝光價值：讓更多人知道你是誰

這是最基本層次，內容幫你建立「存在感」，讓你在不主動出擊的情況下被注意、被搜尋、被記住。這種價值會吸引第一層「潛在人脈」主動接近你。

2. 信任價值：讓接觸過你的人更認同你

好的內容不僅是曝光，而是透過觀點、態度與風格，讓讀者感受到你是一個有邏輯、有誠意、有經驗的人。這會使得關係不只停留在「知道你」，而是開始「信任你」。

3. 轉化價值：讓有互動的人願意進一步合作

當你的內容能解決問題、引發思考、促成行動時，人脈不僅持續靠近，還會願意投入——找你合作、推薦你、加入你的社群或計畫。

從「內容」到「關係」的連動，就在於這三層價值能否被設計、被累積、被放大。

為什麼有些人寫了很多內容，卻無法延伸關係？

常見的失敗原因有三：

1. 沒有聚焦——讓人不知道你主打什麼

今天談創業，明天談旅遊，後天談情緒。雖然豐富，但無法建立一種明確的人格與價值聯想。

建議：選定一至兩個核心議題，反覆深入，成為該議題的「代言人」。

2. 缺乏個人觀點 —— 內容資訊量大，但看不到你

只是整理資料或轉貼知識，卻沒有你對該議題的立場、經驗、問題意識。

建議：每一篇內容中，至少有三成是來自你自己的案例、看法、疑問或轉折。

3. 沒有行動呼籲 —— 內容寫完就沒了，沒有互動起點

沒有讓讀者知道「接下來可以做什麼」、「我可以如何參與或回應你」。

建議：適時加上呼籲對話、意見收集、合作邀約或社群參與的資訊，轉換為互動。

內容如何成為人脈延伸的橋梁？

以下是三個高效連動策略：

策略一：使用內容做為「主動開場」的籌碼

與其主動傳訊息說「我想認識你」，不如先針對對方關注的議題發表一篇高品質內容，然後分享給對方：「這是我最近針對您關心的主題做的觀點整理，也很想聽聽您的想法。」

這樣的訊息，比「能加你好友嗎」更有誠意與高度，也更容易被回應。

策略二：讓內容變成「定期回訪」的動機

舊人脈最容易漸行漸遠，若你每月固定發布內容，並在某篇中標記過去的合作夥伴、提到相關經歷，會讓對方自動回訪、重新連結。

你甚至可以這樣寫：「這次整理讓我想到去年與某某某合作的過程，那段經驗讓我學到很多……」

這種方式自然重啟話題，不唐突也不造作。

策略三：讓內容創造「被轉介」的可能性

你的一篇好文章、一場直播、一張思維圖，有時會被其他人轉傳給他們的朋友，這時你會進入全新人脈圈。

但前提是你的內容**簡明、有洞見、有轉發價值**。所以你應該常問自己：這篇內容，是否具備「讓人想轉傳給別人」的要素？

臺灣實例觀察：一篇文章打開三條人脈路徑

資深職涯教練陳麗雪（化名）在 2022 年年初，撰寫了一篇〈離職不是逃避，而是對自我定位的清醒〉，發表在 Medium 上。內容結合她多年諮詢經驗與兩位學員的故事，風格誠懇、語言簡潔。

該文被轉載超過百次，除了讓她獲得兩家企業內訓邀約，也讓三位前同事主動聯絡，重啟關係。其中一位還邀請她進入一項新創人資產品的顧問圈。

第五章　擴散影響力的人脈槓桿

這篇文章的成功關鍵不只是「寫得好」，而是她：

- 聚焦於明確主題（職涯轉折）；
- 深入分享自身經驗與觀點；
- 在文末設置連結邀請（「若你也有類似困境，歡迎寫信聊聊」）；
- 將文章發送給 20 位曾合作過的舊關係對象。

她說：「寫這篇文，是為了自己整理，沒想到變成了我人脈重啟的橋梁。」

建立你的內容 —— 關係連動地圖

要讓內容成為你人脈策略的槓桿工具，請試著設計以下三點：

面向	問題引導	策略提示
核心主題	我希望被認識為怎樣的思考者／解決者？	聚焦在 2～3 個主題反覆輸出，不求廣而求深
表達方式	我擅長哪種表達形式（文字／圖像／語音）？	選擇最自然的媒介，長期輸出才會穩定
行動連結	讀者接觸我後可以怎麼參與或互動？	在內容中設置問句、CTA 或參與管道（如訂閱、社團、提問）

將內容當作入口，而非結果，你的人脈將持續透過這個入口被延伸、被重啟、被轉換。

讓內容為你說話，讓人脈為你行動

你不必天天敲人問候，也不必每次都去參加社交活動。如果你的內容足夠真誠、具備價值、能創造共鳴，它就是你在人脈網中最強大的使者。

「內容是你存在於人群中的分身，它替你創造記憶、建立信任、擴展圈子。」

從今天開始，定期創造能代表你的內容，並設計它與人脈互動的每一個節點。你會發現，關係的延伸，不再取決於你追誰，而是誰想要靠近你。

■第五章　擴散影響力的人脈槓桿

第三節　讓人主動靠近的影響力布局

「真正的影響力，是當你不說話時，人們仍記得你曾經說過的話。」

—— 瑪雅・安傑盧（Maya Angelou）

不是你多會接近人，而是你讓多少人願意接近你

在人脈策略的高階階段，經營的目標已不再是「我如何主動拓展關係」，而是「我如何讓關係主動找上我」。這是一個從推力（Push）到吸引力（Pull）的轉變，是從努力經營變成自然流動，是從追逐機會到變成機會本身。

這種能吸引人靠近的能力，我們稱為「關係影響力場」。它並非天生，而是可以經由策略性布局、行為一致、價值輸出與信任累積所構築而成。

本節將說明：

■　為何主動靠近你的人，才是最有轉化價值的人脈；

■　如何設計影響力場域，讓信任與吸引同時擴大；

■　三個實戰布局策略，讓你成為人脈網的「引力核心」。

誰會主動靠近你？你要的是「高意圖人脈」

先釐清一個迷思：讓很多人看到你，不代表你建立了人脈。真正有價值的關係，是那些**主動靠近你，並且具備互補需求、合作潛力、長期互動可能性的人。**

這類人脈有一個特徵：高意圖。也就是：

- 他們不是被動接收訊息，而是主動找你；
- 他們不是隨意關注，而是對你價值認同；
- 他們不是一次互動，而是尋求長期合作機會。

所以，要讓人主動靠近，關鍵不是「變得更熱鬧」，而是「變得更值得靠近」。

設計你的影響力場：讓價值與吸引同步運作

影響力場的本質，是一個你有意識打造、他人願意停留、且關係能不斷生成的空間。這個場域可以是實體的，也可以是線上的；可以是內容平臺，也可以是社群空間。

你需要思考三件事：

1. 價值核心（你代表什麼？）

別人為什麼要靠近你？你是否代表某個議題的實踐者、某個行業的意見者、或某群人的聲音者？

例：「我代表『新創行銷流程設計』的實戰觀點。」

第五章　擴散影響力的人脈槓桿

例：「我專注分享 35 歲後職涯轉型的心理歷程。」

人們不是因為你是誰而靠近，而是因為你**讓某些議題變得可信、有感、可談**。

2. 接近節點（靠近你有什麼方式？）

你是否提供了清楚的靠近入口？是否能讓人方便地了解你、加入你、聯絡你？

例：固定的分享頻道（如 LinkedIn、電子報、社團）

例：清楚的個人介紹與近期關注議題

例：可參與的活動、討論、回覆管道

模糊不清的個人介面，會讓潛在人脈選擇跳過你。

3. 轉化設計（靠近你之後，可以進一步做什麼？）

靠近你不是終點，而是開端。你是否有機會讓人參與你的計畫、合作專案、知識交換、學習社群？

例：請對方共創內容、合作辦活動、擔任講者、給予回饋

例：設計下一步互動管道，如定期對話、輔導、共讀等

這些「被靠近之後的路線設計」，才是真正讓你從被看見→被信任→被參與→被擴散的關鍵。

三種實戰布局方式，打造可吸引的社交磁場

1. 建構「持續出現」的可信存在

人不會因你偶爾一次亮相就信任你。信任來自**你是否定期出現，而且說的是同一件事，做的是同一種事**。

你可以這樣做：

- 每月固定時間在社群平臺發文（觀點、案例、提問）；
- 每季舉辦一次線上交流、線下聚會，建立節奏感；
- 每週至少與三位舊人脈互動，保持情感連續性。

這樣做的好處是：**別人習慣你存在，信任自然累積**。

2. 打造「自帶互動」的內容場

不是所有人脈都願意主動互動，你要設計出讓他們「忍不住想留言、想分享、想回應」的內容。

高互動內容具備以下特性：

- 問問題，而不是下結論；
- 分享故事，而非只講數據；
- 提出觀點，但保留空間讓對方表達；
- 留下開口：「你有遇過這種情況嗎？」、「你會怎麼選？」

這會讓你與人產生**主動對話的交叉點**，而不是只是單向發話的演說者。

■ 第五章　擴散影響力的人脈槓桿

3. 設立「共同信念」的聚合空間

最強的人脈吸引場，不是個人秀，而是你創造了一個價值群體：大家因相信某個理念、認同某個願景而聚在一起。

你可以嘗試：

- 建立小社團，如「B2B 簡報設計交流圈」；
- 定期寫信或電子報，讓共同信念持續強化；
- 與他人共同經營 Podcast、知識共學、合作企劃，擴大信念群體的範圍。

當人們不只因你個人而靠近，而是因「跟你一起代表的那個價值」而靠近，你的影響力就真正開始了。

臺灣真實觀察：從默默無名到社群焦點的醫師經驗談

臺北一位青年精神科醫師林子辰（化名），原本只是醫院內的一位資淺住院醫師。2021 年起，他每週在社群發表一篇「精神健康與職場壓力」的短文，內容不長，但常搭配一則病患故事（經去辨識處理）與對應的心理機轉解說。

一年內，他被關注的並不是「醫師身分」，而是「能用人話說心理學」的親民風格。他從無人關注，到每篇貼文平均互動百則，開始收到企業內訓邀請、大專院校講座提案，甚至有出版社主動找他出書。

而他並不將人脈「鎖在自己手中」，而是開設社群平臺「職場心理實驗室」，邀請更多臨床心理師與社工者共創內容。他說：「我不是要變名

人，而是要讓大家更容易談心理。」

他的個人場變成集體場，他的影響力從一對一擴展到一群人對另一群人的影響。

讓人靠近的不是你會說什麼，而是你代表什麼

你不必每場活動都到場，不必每天私訊打招呼。**只要你在一個主題、一個價值、一個場域中持續出現、穩定輸出、設計互動，人們自然會靠近你。**

「你不是主動拓展人脈，而是打造一個值得被走近的場。」

這個場可以是思想的延伸、內容的聚合、價值的投射。當你成為那個磁場的核心，你就不再需要追逐關係，而是關係自動匯聚向你。

■ 第五章　擴散影響力的人脈槓桿

第四節　沉浸式故事理論解說：吸引力與影響力的場域誕生

「影響力不是你說了什麼，而是別人是否願意為你的理念站出來。」

—— 賽門・西奈克（Simon Sinek）

當人脈不再是向外擴張，而是向內聚合

在影響力真正成熟的那一刻，你會發現，你不需要再去說服誰、追誰、拜託誰 —— 因為人們會因為你的**價值**、你的**信念**、你的**行動模式**，**而願意主動靠近你、跟隨你、與你共創。**

這一節，我們透過一則沉浸式故事，重現一位毫無背景的獨立工作者，如何從單點內容出發，逐步構築出一個兼具**信任、影響與連結力**的個人場域，並吸引各界資源與人脈主動集結。

故事融合了本章前三節的理論，包括：社群與個人品牌的策略結合、內容影響力的關係延伸設計、以及可被主動靠近的場域布局。它將呈現一場人脈策略邁入**高階吸引力引擎**的真實歷程。

程允昕，38 歲，非典型職涯轉型者

程允昕原本是出版社的編輯主管，經歷組織裁撤後離職，在無預警的生涯空窗中，她選擇回到自己最熱愛的事 —— 寫作與教育。

沒有資源，沒有人脈，她開始以「30 歲後的自我教育」為主題，在

Medium 開設專欄,每週更新一篇文章。內容聚焦於成人學習、閱讀實踐、與職場軟實力重建。她不是名人,但寫得深刻、誠實又不說教。

第一階段:以內容構築第一層信任吸引力

最初,她的文章閱讀數極低,甚至只有幾十人按讚。但她堅持每篇都用真實經驗切入,以提問與反思為主軸,逐步累積了第一批核心讀者——來自職涯轉換、教育工作、心理相關領域的自主學習者。

其中一篇〈寫給還想再學習的自己〉,被一位職涯教練轉發,短短一週內突破五千人閱讀。讀者開始留言、私訊、轉傳,甚至請她開一場小型講座。

允昕並未急著開課,而是開設了免費線上讀書會,每月一次,聚焦「如何以閱讀重建職涯信心」。這成為她第一個可持續的互動節奏。

第二階段:從信任點擴大為可參與場域

短短半年內,讀書會聚集超過 200 位成員,每次約有 30～50 人出席,她設計了提問引導、共讀分組、跨業對話環節,讀書會不再是她在「教」,而變成大家共同思考的場。

某次討論中,有位學員提問:「我們能不能用你這套讀書設計架構,幫我們公司的內訓活動做設計?」

第五章　擴散影響力的人脈槓桿

這讓她意識到——這個場，已經不只是交流，而具備商業價值與轉化潛力。

她將讀書會內容進行微型模組設計，轉化為企業可採用的「自學力工作坊」方案。第一家合作的公司，正是來自她讀書會中的一位 HR 成員所推薦。

她沒有拜訪、推銷、行銷，而是**透過內容與場域穩定出現，讓人脈自己來敲門。**

第三階段：信任升級為共創與推薦

在擴大場域的同時，允昕設立了「深工筆記」網站，作為她內容與活動的整合基地。她開始邀請過去互動過的讀者投稿、合寫專欄、共創內容。

讀者變成作者、學員變成合作夥伴、彼此變成相互推動的信任社群。許多企業在搜尋「成人學習設計顧問」時，第一個被推薦的就是她。

這些推薦不是她請來的，而是過去與她有過交流、互動、參與的群體，**自發性地將她納入各種人脈圈的資源串接中。**

第四階段：場域躍升為價值網絡的節點

三年後，她不再是個人工作者，而是「自學力共創合作體」的發起人之一，串聯全臺超過 20 位教育與內容創作者，每季共同舉辦一次「學習者論壇」。

第四節　沉浸式故事理論解說：吸引力與影響力的場域誕生

　　她不再只是寫文章，而是創造場域、讓他人加入、賦予他人角色與舞臺。她變成了影響力網絡的節點，不再追人脈，而是人脈主動布局到她的生態圈裡。

　　而她自己怎麼看這一切？

　　「我從來沒想過會變成一個什麼『意見領袖』，我只是一直在做一件事 —— 把自己相信的事說出來、做出來、做給別人參與，然後不急著擁有誰，但願意創造場給誰靠近。」

理論總結：這段故事如何體現第五章核心觀點？

- **社群與品牌策略結合**：允昕以個人內容為主軸，透過穩定輸出建立品牌形象，並轉化為社群參與平臺。
- **內容影響力的關係延伸**：從單篇文章延伸為讀書會→合作對話→企業內訓→跨領域內容共創，關係不斷擴張。
- **讓人主動靠近的布局設計**：她從來沒有主動拜訪或推銷，而是設計了可以被參與、被轉介、被信任的場域與機制，讓高意圖人脈主動集結。

　　這就是影響力場域誕生的過程：**從個人價值的明確輸出，到關係場域的穩定形成，再到自發性連結網絡的生成。**

第五章　擴散影響力的人脈槓桿

> 你不需要人脈的許可，
> 只需要創造一個值得靠近的空間

　　程允昕的故事說明一件事 —— **人脈不是一個圈子讓你擠進去，而是一個場域等你去創造。**

　　「當你足夠穩定地出現，清楚地表達價值，並願意讓別人參與你的信念，那麼關係就會自己來靠近你。」

　　你的影響力，不來自說了多少話，而是**創造了多少值得一起走的方向與空間。**

　　別再問「我要怎麼認識更多人」，而是問：「我要如何讓別人想要認識我，並且留下來？」

　　答案就在你願不願意，從一篇文章、一場活動、一段真實行動開始，建構你自己的吸引力場域。

第六章
放大信任的人脈複利

■第六章　放大信任的人脈複利

第一節　關係網絡中的信任轉介法則

「人脈的真價值，不是你能接觸多少人，而是有多少人願意為你作保。」

—— 亞當・格蘭特（Adam Grant）

為什麼「介紹你的人」遠比「你自己說什麼」更有力？

在高階人脈運作的場域中，有一個經常被忽略但關鍵的原則是：**信任不只建立於直接互動，更強大的是透過轉介傳遞。**

換句話說，你能否獲得某個重要資源、進入某個團隊、完成某個合作，往往不是因為你主動爭取，而是因為**有人願意為你開口、介紹、背書、轉介。**

這種轉介不只是形式上的連結，而是一種關係資本的移轉，一種基於信任的交換，一種人脈網絡中的隱性信號。

本節，我們將深入剖析：

- 什麼是高信任的轉介關係？
- 如何成為值得被轉介的人？
- 如何主動設計一套「信任轉介機制」，讓關係效應持續放大？

信任轉介的本質：社交風險的共享與背書

在社會心理學中，轉介（referral）不單是一種關係鏈接，更是一種「社交風險承擔」的行為。

當一個人介紹你給他的關係對象，他其實做了三件事：

- **使用自己的信用替你背書**
- **將對你的信任傳遞到新的關係場**
- **願意為你們的互動承擔部分風險**

這樣的行為，在人際網絡中有極高價值，因為它代表了你已不再只是「你自己說你是誰」，而是**他人願意用自己的名聲認可你的角色與能力。**

所以，信任轉介有極高的轉化力，但也必須被慎重看待。**你若不懂得尊重轉介行為背後的信任成本，下一次就不會有人替你介紹。**

什麼樣的人，值得被轉介？

被轉介的條件並非只靠能力或表現，更多時候與「信任密度」有關。根據人脈網絡理論，具有以下特質者，最容易被推薦：

1. 一致的人格與行為

你說的是什麼，你做的是什麼，別人能預期你會怎麼反應，這種信任感來自長期的一致性。

2. 易於被描述的價值定位

如果你是「什麼都會做的斜槓」，那他人無法清楚介紹你。但如果你是「專精製造業 ESG 轉型流程設計的顧問」，那就很好介紹。

轉介的前提，是對方能輕鬆地把你說出來。

3. 回饋清晰、反應快速、尊重關係

被介紹之後是否主動回覆？是否有後續更新？是否對轉介人有尊重與回報？這些都會影響下一次是否還有人願意介紹你。

如何設計高信任轉介的三段策略？

1. 主動製造「轉介機會」的入口場景

不要等別人想起你，你可以設計主動出現的切點。例如：

- 在社群中提到自己正在尋找什麼樣的合作對象，並明確描述需求；
- 與過往合作關係者對話時，開口詢問：「最近有沒有誰在處理這類議題？我很想學習或貢獻一些經驗」；
- 設計「可被轉發」的內容（如整理文、資源包、工具表），讓別人轉傳你時就像是在「介紹你」。

好介紹＝好敘述＋有價值＋可分享。

2. 降低轉介的社交風險

大多數人不敢輕易轉介，是因為怕被「拖下水」。所以你要做的，是降低這些風險：

- 告訴對方你會「先自行與被介紹人建立對話，不造成壓力」；
- 保證你的行為不會造成對方困擾或失望；
- 提供轉介語句草稿，幫助對方更容易開口（例如寫好三句簡介，讓對方只要轉貼即可）。

記住：**你幫對方降低轉介的社交成本，就等於你在建立下一次被轉介的機率。**

3. 為**轉介人創造「值得驕傲」的回報循環**

最好的轉介關係，是讓對方在介紹你後感到「這是我的眼光」，而不是「唉，希望你別搞砸」。

你可以這麼做：

- 任務結束後主動與轉介人回報結果，感謝他的牽線；
- 在公開場合提到這位中介者的價值與角色（讓他成為你人脈價值的一部分）；
- 反過來觀察他有沒有需要協助的地方，主動創造「幫得上忙」的時機。

當你讓對方「因介紹你而被認可」，他會更願意把你介紹給更多人。

臺灣觀察實例：顧問圈的轉介策略演練

一位資深非營利組織顧問林承育（化名），以協助公益團體進行營運優化為主要服務內容。他不做廣告，也不主動開發客戶，卻能穩定接到

高品質專案，其原因在於：

- 他針對合作過的每位客戶，撰寫一頁簡報形式的回顧報告，清楚列出成果；
- 他主動詢問：「若您認識有在煩惱某某議題的組織，也歡迎轉發這頁報告，我非常樂意提供初步諮詢」；
- 他尊重每位中介人，會在成果分享簡報中標示「特別感謝×××引薦機會」。

五年內，他累積超過三十位中介型關係者，每人平均為他帶來 1.8 次合作機會。他說：

「我不主動開發，是因為我把每一次信任，都當成一次社交契約，而我不讓介紹我這件事成為風險，而是成為驕傲。」

建立你的信任轉介引擎：四步策略檢查清單

步驟	問題	實作提示
定位	我是否有明確角色／專業定位，方便他人描述？	練習寫出一句你希望別人如何介紹你的句子
節點	是否有穩定出現的社群或平臺供他人找到我？	定期發文、建立個人官網或案例頁
互動	過往合作關係是否有妥善維護、隨時可回溯？	建立人脈 Excel，記錄接觸時間、內容與對話紀錄
回饋	是否有建立介紹→合作→回饋→再介紹的正向循環？	主動回報、公開致謝、設計可轉介內容模組

願意替你開口的人，才是你真正的隱形資產

你擁有多少人脈，從來不是看你在社群有多少朋友或追蹤者，而是：

「有多少人在你不在場時，願意說出你的名字。」

信任轉介是人脈的複利機制，當你成為值得介紹的人、能設計可轉介的場景、又懂得回報信任的人，你就不需要每次從頭再來，而是每次被轉介都離下一個高信任圈更近一步。

「人脈的終極形式，是你不在現場，也有人為你在場。」

■第六章　放大信任的人脈複利

第二節　打造高信任代理人的策略設計

「信任的最高境界，是別人願意代表你說話。」

—— 華倫・班尼斯（Warren Bennis）

你不能總是親自出場，但信任可以被代理

在現代人脈策略的進階階段，除了直接互動與轉介外，還有一種更高階的信任延伸方式，那就是「高信任代理人」的存在。

這些代理人，不是你的助理、不是代表發言人，而是：

■ 願意主動提起你；
■ 能正確說明你的價值；
■ 甚至在你不在場時，代表你守護你的人脈聲譽與信任資本。

他們可能是合作過的夥伴、長期觀察你的前輩、或是與你有共同價值信念的同行者。他們是**你信任資本的擴音器與保護網**。

本節將說明：

■ 高信任代理人是如何誕生與維持的？
■ 你如何主動設計這樣的角色出現？
■ 又該如何避免「錯用人」讓信任反被傷害？

誰是你的高信任代理人？他們有三種樣貌

根據我們觀察，信任代理人大致可分為以下三種：

1. 情感型代理人：對你有高度好感與支持動機

他們不一定完全了解你在做什麼，但他們相信你、欣賞你、樂意幫你講話。他們常見於早期支持者、長期互動夥伴、家庭與親密圈層。

運用策略：適合協助拓展「人情溫度」的圈層，例如推薦你參加活動、引薦信任人脈，但不適合交辦專業說明或深度談判。

2. 專業型代理人：了解你專業內容並有一定話語力

他們曾與你共事、合作或觀察你的工作，能以第三方身分客觀說明你的價值與差異點。這類代理人可代表你進入某些你難以觸及的場域。

運用策略：適合在「你無法出場」的場合代為介紹、報名、推薦，如合作提案、外部專案、顧問轉介等。

3. 信念型代理人：與你共享價值觀且願意共同推動理念

他們與你理念一致、角色互補，在公開或閉門場合都能作為你信念的擴展。這類代理人常出現在社群共創、倡議網絡、社會影響力場域。

運用策略：適合共創議題、推動聯名活動、擔任平臺共同發聲人、延伸理念接觸點。

■ 第六章　放大信任的人脈複利

你該主動打造「信任代理人」的三層設計策略

1. 建立可代理的認知模組：讓人「說得出口」

想讓別人能自然介紹你、代表你，你必須先讓他們**知道要怎麼說**。換言之，你必須設計出一套清晰、簡明、易轉述的個人品牌敘述。

這可以透過以下方式完成：

- 準備一段 30 秒～ 60 秒的「你是誰、解決什麼問題、擅長什麼做法」的文字或語音稿；
- 製作一頁式的個人介紹卡（PDF 或 Notion 頁面皆可），包含背景、代表成果、近期專案、可合作方向；
- 針對不同圈層，調整敘述重點，例如對企業講價值創造，對 NPO 談使命導向，對學界談研究轉譯。

你越清楚自己是誰，就越容易被別人清楚介紹。

2. 創造代理人出場的自然時機：讓人「有理由提你」

高信任代理人不會硬推你，而是在對的時機「自然地想起你」。你要做的，是創造這些時機。

例如：

- 在社群固定輸出個人洞見，並適時標記／感謝關鍵關係人，強化他們的參與感；
- 在與過往夥伴對話時，提出「你最近如果遇到誰在處理這類議題，也歡迎介紹」這樣的開放式邀請；

- 在專案結束後，主動詢問對方是否願意在公開平臺或推薦信中提及合作經驗。

給人「出場理由」，遠比強迫「幫我推一下」來得自然且可持續。

3. 經營代理人關係的長期回報曲線

信任代理人不是一次性的功能性角色，而是一段需要長期維繫的雙向關係。

你可以這樣做：

- 每季主動問候關係穩定的代理人，更新近況、詢問他們的發展與需求；
- 適時製作合作成果回顧、學習筆記、致謝內容等，展現你對他們貢獻的認可；
- 反向推薦他們的專業、理念或服務，在自己的社群與圈層中替他們創造價值。

代理人最怕的，是「你只在需要他時才出現」。

最強的信任來自「我幫你，是因為我們在彼此成就」。

第六章　放大信任的人脈複利

錯用代理人：小心三大常見失誤

失誤一：讓不熟悉你的人代為發聲

對方雖然想幫你，但不理解你的背景或能力，很可能說錯話、誤導或降低可信度。

解法：即使是老朋友，也要給簡明說帖與基本敘述框架。

失誤二：過度依賴單一代理人，導致關係綁架

若一切都倚賴同一位關係人，當他離開、變動、或與你關係破裂，等於你的人脈入口全數被關閉。

解法：建立至少三位以上具不同類型與圈層的代理人，避免單點故障。

失誤三：忽略回報，讓代理人「用完即丟」感受

即使你覺得你做得很好，若沒有表達感謝與回饋，對方會覺得被利用，下一次就會猶豫。

解法：建立「合作後三件事」制度：主動致謝、成果分享、提供回報。

臺灣實務案例：從合作對象到影響代理人

臺北一位非營利專案設計師周欣怡（化名），因為協助設計一本社會企業報告書而與知名社企導師合作，報告完成後她主動製作一頁式成效整理 PDF 寄給對方，並說：

「若未來有其他青年團隊需要這類的專案設計，我非常樂意提供經驗

與協助,若您願意介紹,我會非常感激。」

導師當下沒有答應,但三週後她接到一封郵件,是另一間社會影響組織的執行長邀請她參與創新計畫,並說:「某某老師推薦你,他說你在細節與邏輯上的掌握特別好。」

從此她與數個社企進行長期合作,而這位導師,也變成她在這個圈子的高信任代理人 —— 不是因為她請託,而是她讓對方**有理由、有能力、有意願代表她說話**。

高信任代理人,是你人脈資本的最強加速器

在你無法出場的時候,**誰會願意代表你發聲?**

在你還沒認識對方時,**誰會主動介紹你進入圈子?**

在你尚未講話時,**誰已經在替你鋪路?**

這些人不是偶然出現的,而是你長期布局、細膩經營的成果。

「關係真正的成熟,不是你說得多好,而是別人願意為你說得很好。」

從今天開始,練習讓他人更容易說你、想說你、願意說你 —— 你的人脈網絡,將進入**信任複利**的自動擴張期。

■ 第六章　放大信任的人脈複利

第三節　關鍵節點人物的深度經營法

「與誰建立連結，比連結了多少人更關鍵。」

—— 馬爾科姆・葛拉威爾（Malcolm Gladwell）

> 不是所有人脈都能放大影響力，
> 只有「節點人物」可以

在你的人脈地圖中，是否曾出現過這樣的人：

他一句話，別人就願意相信你；

他一轉介，你就接觸到全新層級的合作對象；

他一轉發，你的聲音就跨出同溫層、抵達關鍵圈層。

這樣的人，不一定是名人，也未必是高階主管，但他們是**節點型人物**（connectors）—— 在某個圈層中具備高信任度、強網絡影響力、並能促進人際與資源交換的關鍵角色。

經營這樣的關係，不是拉攏、不必諂媚，而是以**策略性信任建構、互惠設計、長期價值共創**為核心，進行高密度互動。

本節將深入拆解：

- ■ 誰是節點人物，如何辨識？
- ■ 與節點人物建立高價值連結的原則與方法；
- ■ 經營關係時常見的失誤與修正策略。

認識「節點人物」：
他們的影響力來自網絡，而非權位

節點人物並不一定身居高位，也不總是在鎂光燈下，但他們有三個明顯特徵：

1. 連結密度高

他們認識很多人，而且來自不同產業、背景、階層。他們常是社群串聯者、活動策劃人、平臺創辦者或資源調度者。

2. 信任感強

他們說的話被信任、推薦的對象被接納、參與的活動被重視。他們可能不常高調露面，但一出現就讓人安心。

3. 轉化力強

他們能讓「認識你」變成「合作你」、讓「接觸到你」變成「信任你」，是關係從意向到實踐的加速器。

簡言之，他們是人脈系統中的**交通樞紐**，每一條線經過他，會產生更快、更穩、更廣的連結速度。

如何辨識節點人物？三種實用線索

線索一：在一個領域中常被「多方同時提及」的人

例如你詢問不同單位的同事、合作對象、甚至競業，都提到某個名字，那他極可能是該圈內的節點。

■第六章　放大信任的人脈複利

線索二：觀察誰在活動、社群、轉發中「橋接」最多人

他不一定是主講者，但永遠是促成互動的人、介紹彼此的人、建立合作的人。

線索三：被提起時總伴隨「他很值得信任／效率很高／幫過我」等正向語句

節點人物的價值不是因為他有多少頭銜，而是他**在他人心中留下的合作記憶與情感信用**。

與節點人物互動的三大核心策略

策略一：以真實貢獻取代「自我介紹」

節點人物最常聽到的話是：「我想認識你」、「我能不能請你幫忙介紹誰」、「我很想加入你的圈子」，但最讓他們有印象的是：「這篇內容是我看到你在談某議題時想到的，我自己整理了一下，想請你指教。」

提供觀點、共識、資源、案例、時間、細節，**任何具體貢獻都是敲門磚**。

重點不是讓對方覺得你「厲害」，而是讓對方感覺你「值得投資關係」。

策略二：設計讓他們參與而不是單純請求

如果你只是請他推薦你，他可能會覺得麻煩；但如果你邀請他參與一場對話、共寫一份觀點、給一段建議，**你給他的是舞臺而不是負擔**。

例如：「我想做一份針對青年職場學習曲線的白皮書，已整理初稿，

想邀請您在我尊重的位置上給幾句建議。您曾在某論壇談到『新手時代的信任養成』讓我印象深刻。」

這樣的設計讓對方知道：**你不是找靠山，而是找同行者。**

策略三：長期記錄與維繫節奏，讓關係「可被預測」

節點人物不怕陌生人，但怕「只出現一次的陌生人」。你若只互動一次就消失，下次出現時，他可能已經想不起來你是誰。

做法：

- 每季一次訊息更新你在做什麼；
- 每次互動後寫下簡短筆記（時間、主題、對方關心的事）；
- 與其頻繁打擾，不如**固定且高品質地出現。**

可被預測，才可被信任；可被信任，才會被推動。

經營節點人物關係的常見錯誤與修正

錯誤一：抱著「我認識他就夠了」的心態

以為加到好友、交換過名片就是建立關係，結果過度依賴一次互動的餘溫。

修正：互動後的養分，來自後續的「產出」與「回應」，而非過去的「接觸」。

■第六章　放大信任的人脈複利

錯誤二：將對方當作工具而非夥伴

只找對方幫你開門、導引資源，卻未思考自己能給什麼。

修正：提出雙向價值合作場景，強化你不是來「使用」，而是來「連結」的誠意。

錯誤三：在重要節點缺乏主動回報

合作結束後沒有後續成果回饋，甚至沒有感謝，讓對方感覺「你把關係當成一次性使用」。

修正：建立「後合作回饋流程」，讓節點人物知道，他的信任被你完整接住。

臺灣真實觀察：如何從一次對話，進入關鍵網絡

資深永續議題顧問林芝涵（化名）原本只是在一次社會創新論壇中提問，被一位 NGO 聯盟發起人注意。事後她寫了一封信：

「您在論壇提到『永續報告的情緒價值』讓我很有共鳴，我過去在南部推動過兩年非營利溝通計畫，剛好也在梳理這個主題。我試著從內容設計角度補充一些觀察，若有錯誤也請不吝指正。」

對方回信後，她沒有馬上提合作，而是整理出她提問中的延伸思考，投稿到 NGO 媒體。兩週後，對方轉發她的文章，並主動邀請她參加內部閉門工作坊。

那是她進入**國際永續組織臺灣策略圈層**的開始，而關鍵，不是提問本身，而是後續的**深度互動設計與價值貢獻鋪陳**。

節點人物是人脈中的「策略盟友」，不是「跳板」

與其追逐高位，不如理解高影響力；與其擠入圈內，不如設計對話。

節點人物最怕的是被視為資源提款機，最愛的是被看作理念夥伴、價值共創者。

「真正聰明的人脈經營，不是找到誰能幫你，而是找到誰願意與你一起成長、一起推動未來。」

如果你能用心經營三位節點人物，勝過認識三百位無效人脈。

關鍵不在於你認識誰，而在於**誰願意與你同行，並替你開門**。

■第六章　放大信任的人脈複利

第四節　沉浸式故事理論解說：讓信任自動繁殖的人脈複利系統

「真正的影響力，是當你不在場時，信任依然在流動。」

—— 亞當・格蘭特（Adam Grant）

當你不再主動出擊，人脈卻依然為你奔走

大多數人在人脈經營的初階階段，都需要不斷努力接觸、推廣、敲門。然而，進入成熟階段的人脈策略，最關鍵的轉折點在於：**你不再依賴自己出場，信任與推薦會自動在你的網絡中繁殖與傳遞。**

這一節，我們透過一則沉浸式故事，完整展現一套由「高信任代理人」、「節點人物」與「轉介機制」共同構築的**人脈複利系統**，如何在一位個人品牌經營者身上，從單點擴張成網絡，進而形成**穩定、長效、可繁殖**的人際影響力生態圈。

韓芷瑩，40 歲，自由品牌策略顧問

韓芷瑩原是傳播公司的策略總監，五年前選擇離開職場，轉向獨立接案。剛開始，她的業務來源僅來自過往人脈介紹。但她心知這種倚賴過去信用的方式有其極限，因此，她開始著手打造自己的**信任複利系統**。

第四節　沉浸式故事理論解說：讓信任自動繁殖的人脈複利系統

第一階段：
明確個人定位，讓人易於轉述與記憶

芷瑩觀察到市場上大多品牌顧問都強調創意或視覺，她則聚焦於「策略先於設計」，特別強調**用品牌思維協助中小企業建立內容節奏與內部共識**。

她將這個定位設計成一段 30 秒的自我敘述，並放在官網首頁、演講開場、甚至朋友幫她介紹時的話語包中。這個敘述是：

「我協助中小企業釐清品牌定位，不是做 logo，而是設計品牌內部說話方式，讓每位員工都知道自己在替什麼理念努力。」

這樣的敘述不只清楚，也易於轉述，讓她的合作對象在轉介時都能輕鬆說出她的價值。

第二階段：
打造高信任代理人，擴張她的「替代出場能力」

芷瑩會在每次專案結束後，主動整理成果摘要與合作心得，發送給合作方，並詢問：「如果您未來認識其他正面臨類似問題的公司，也歡迎把這份報告轉給他們參考。」

其中有三位過去合作過的客戶，後來不僅替她介紹了新客戶，甚至在業界論壇、媒體專訪中多次提到她的名字。

她知道，這些人正是她的人脈代理人。她每季主動更新近況給這

■第六章　放大信任的人脈複利

些人，分享自己正在進行的案子與新發現，並設計「合作夥伴回饋邀請制」，讓這些人覺得她的成長中有他們的貢獻。

芷瑩不請他們幫忙，但她讓他們**想替她說話**。

第三階段：
與節點人物共創合作節點，進入高信任圈層

芷瑩認識了一位業界知名的創新創業講師蘇謙（化名），他是創業圈中極具影響力的節點人物。

她沒有主動提合作，而是針對蘇謙過去在社群發表的「新創早期品牌建構盲點」觀點，撰寫了一篇回應文，提出補充觀察與案例。文章一發出，引來大量互動，也讓蘇謙本人主動留言：「這個觀點太棒了，我們應該來談一次。」

後來兩人共寫了一篇〈創業者品牌策略的五大迷思〉，成為數位轉型平臺的熱門文章。從此芷瑩進入了創新創業培訓圈，許多加速器、創業育成計畫開始主動邀請她擔任導師。

這一切，不是因為她拜託誰，而是她設計出**讓節點人物想要主動拉她進圈的入口與理由**。

第四節　沉浸式故事理論解說：讓信任自動繁殖的人脈複利系統

第四階段：
建立可複製的轉介場景，讓信任自然繁殖

芷瑩觀察到，很多介紹她的對象在轉述時仍略顯模糊，因此她製作了一套「轉介工具組」：

- 一頁式 PDF：「我能協助什麼樣的企業、常見需求與處理方式、合作流程」
- 一則短影片：三分鐘說明她的合作模式與三個代表案例
- 一段模版文字：供介紹者直接複製貼上用於 Email 或 LINE 訊息中

她也將這些資源放在官網頁面，命名為「推薦我給朋友的簡單工具」，連結簡短易記。這讓原本願意推薦她的人，變得**更容易、更願意、更精準地幫她說話**。

於是，她在不主動出場的情況下，透過代理人＋節點人物＋轉介場景的搭配，形成一套高效自動運轉的信任繁殖機制。

系統化觀點整合：她是如何打造人脈複利引擎的？

組件	操作策略	影響效果
個人定位	明確聚焦、易於轉述、強調差異化	成為「好介紹」的角色
高信任代理人	合作回顧、定期維繫、雙向回報	建立主動說話者社群
節點人物合作	內容互動、觀點共創、角色互補	快速導入核心圈層
轉介機制	工具模組化、入口設計、文字範本	降低推薦門檻、放大轉化率

■第六章　放大信任的人脈複利

　　這些系統組合起來，讓芷瑩的個人品牌從個體擴展成網絡，最終形成一個**無需她本人持續出場也能流動的信任場域**。

人脈複利不是靠「更多互動」，而是靠「更好設計」

　　在人脈經營的成熟期，你不再追求擁有多少名單，而是**你設計了多少信任節點、可被轉介的場景、讓他人替你說話的機制**。

　　「當你的名字可以被說出口、被轉述、被推薦，你就成為人脈場中的信任幣種。」

　　從此，關係的推進、資源的擴散、影響的增強，不再依靠你親自參與，而是靠一整套「信任自動繁殖系統」持續運作。

　　這，就是人脈複利的最高境界。

第七章
形塑信任文化的領導思維

第七章　形塑信任文化的領導思維

第一節　心理安全感與團隊信任的建立策略

「信任的開始，不是來自能力，而是你讓人感覺安全。」

── 艾美・艾德蒙森（Amy Edmondson）

不是團隊有多強，而是成員敢不敢說真話

在一個高效團隊中，最被低估卻最關鍵的基礎，不是資源分配不是技能組合，而是**心理安全感**（psychological safety）。

這個概念來自哈佛商學院教授艾美・艾德蒙森（Amy Edmondson）對多個組織的長期觀察與研究。她發現，表現最好的團隊並非錯誤最少的團隊，而是**成員勇於展現錯誤、承認不足、提出質疑與挑戰現狀的團隊**。

也就是說，**信任文化的核心不是合群，而是敢言**。

而「心理安全感」，就是這一切的起點。

本節將深入探討：

- 什麼是心理安全感？為何它是高效團隊的根基？
- 領導者如何營造心理安全的氛圍？
- 團隊文化如何轉化成「誠實而高信任」的行動模式？

什麼是心理安全感？

心理安全感指的是：**在一個團隊或組織中，個體能自由表達想法、不怕被羞辱、不怕被懲罰、不怕因此被貼標籤。**

簡單說，就是「我可以做我自己，而不會因此被傷害」。

這不是嬌弱文化，也不是放任主義，而是一種高度信任、情緒穩定與責任意識並存的互動環境。

艾德蒙森將心理安全感與高績效做了深入交叉研究，發現心理安全指數越高的團隊，表現反而更好，因為：

- 問題可以被更早發現；
- 創意可以被更自由激發；
- 成員間能互相學習、回饋與成長；
- 錯誤會被坦率承認，而非隱藏與推諉。

領導者在團隊中的角色：你是安全場還是威脅源？

心理安全感不會自動出現，而是高度依賴領導者的言行風格與互動設計。

一位團隊領導者能否營造心理安全，關鍵在於三個行為面向：

■第七章　形塑信任文化的領導思維

1. 接納而非急於評斷的傾聽態度

當有人提出不同意見或不成熟的想法時，你的第一反應不是糾正或質疑，而是「感謝你的分享，我們可以來深入看看這個方向。」

安全感來自被理解，而非被審判。

2. 適度表達自己的脆弱與不確定

一位勇敢的領導者，能坦率承認「我不確定這樣做對不對」、「我們可能犯了一些錯誤」，這樣的話語會讓成員知道「這裡可以坦白」。

領導不是無懈可擊，而是帶頭示範人性的真實。

3. 鼓勵提問與質疑成為常態，而非例外

你可以在會議中主動說：「我知道這個提案可能不完美，請大家盡量挑出問題，才是我們一起成長的機會。」

沒有被鼓勵的問題，最終都會變成組織的風險。

團隊實作：打造高心理安全感的五個操作策略

策略一：定期設計「無風險回饋場」

例如每兩週一次的「悄悄話時間」，讓每位成員匿名寫下最近一件讓他感到壓力、挫折或困惑的事，由團隊共讀並回應。這會形成「說真話是被珍惜的」氛圍。

策略二：在專案初期設置「錯誤地圖」

請團隊預先設想此專案可能會遇到哪些陷阱、風險或失誤，並設一個「允許錯誤的安全帶」。這讓錯誤不再是意外，而是可被預見的實驗部分。

策略三：在每次任務後設立「感謝與學習時刻」

請團隊每人說出這次合作中一位成員做得最讓他學習的地方，以及想給自己的下一次調整建議。這不只是回顧，更是連結與誠意的顯化。

策略四：為發問者與異議者設定「信任角色」

你可以設計輪值「反對者」、「提問者」角色，讓提出疑問不再是個人特質，而是團隊角色的一部分，降低心理負擔。

策略五：將「說出真話」獎勵制度化

若某位成員指出了團隊中的重大盲點或風險，應該公開肯定其貢獻，甚至納入績效系統或晉升考量。

臺灣觀察案例：如何打造心理安全感文化的實踐者

在臺灣一家科技顧問公司中，團隊主管劉俊宏（化名）面對組內高壓的客戶交付任務，卻成功保持低流動率與高成員滿意度。他的做法包括：

- 每次專案啟動前，先開一場「我們能誤會什麼」會議，讓大家坦率提出潛在誤解；

■ 第七章　形塑信任文化的領導思維

- 會議時，他總會點名最安靜的成員發言，並說：「我很在乎你怎麼想，不論你的想法現在成熟與否」；
- 專案出錯時，他第一句話永遠是：「錯誤有價值，我們來看這錯誤教我們什麼。」

在這樣的環境中，新人敢提案、資深敢說不、主管敢承認盲點，形成一個信任流動而非僵化責任推卸的文化場。

心理安全感，是你打造信任文化的起點與支點

領導不只是分配資源與指派任務，更是**創造讓人願意說出真話的空間**。

「當一個團隊的人能夠說出自己的脆弱，這個團隊就具備了真實的力量。」

從今天起，練習聆聽不完美的回應、鼓勵還沒成熟的提問、承接不夠圓滿的情緒。你會發現，當安全感成為共識，信任自然會流動，行動自然會發生，成果自然會出現。

第二節　從內部對話到外部表現的團隊一致性

「你們對外說的，必須與你們對內相信的，一致。」

——派屈克・蘭奇歐尼（Patrick Lencioni）

對外的信任感，來自對內的一致性

一個團隊對外是否值得信任，不是由口號決定，也不是由品牌設計決定，而是來自於：**這個團隊內部的信念、對話、行為，是否與對外的表現一致。**

當團隊內部講的是 A，對外卻執行 B；或對外說「我們重視創新」，內部卻凡事照舊，這不僅會削弱外部信任，也會在內部造成冷漠與離心。

本節聚焦於：如何讓團隊從內部對話開始，建立一致性的文化基礎，**進而讓整體對外表現形成統一的信任語言**，使每個人都成為組織信任文化的推動者。

為什麼「內外一致」是組織信任的試金石？

現代的合作與人脈經營環境中，外界不只看你的成果，也觀察你「怎麼達到那個成果」。如果內部亂成一團、文化矛盾，對外再多說明也

■第七章　形塑信任文化的領導思維

只是修辭粉飾。

舉例來說：

一家強調用戶至上的品牌，但客服人員在內部被視為最末端職位；

一家倡導永續的企業，卻在內部仍使用一次性塑料與過度加班；

一個說「我們鼓勵創新」的部門，卻讓提出新想法的人反覆被打回票。

這些內外不一致的行為，都會直接損害組織的人脈資本與外部聲譽。

一致性的三個層級：從語言、行為到文化

要建立團隊一致性，必須從以下三個層次著手：

1. 語言一致：說法要對得上想法

內部討論使用的價值觀詞彙、描述目標的語境、對彼此的評價方式，是否與對外表達一致？

例如：

對內說：「我們重視實驗與失敗」

→**對外也要能呈現失敗後的修正與反思，而非只報喜不報憂。**

對內說：「我們是夥伴關係」

→**對外就不應以「上下管理階層」的語氣做品牌發聲。**

一致的語言，是信任文化的第一個門面。

2. 行為一致：實際做法要配得上說法

若你說「我們歡迎多元觀點」，那你是否真的在會議中給不同聲音發言空間？

若你宣稱「我們以用戶為中心」，那你是否有制度性地讓用戶回饋進入設計流程？

沒有被實踐的價值觀，會迅速變成團隊的犬儒主義根源。

3. 文化一致：所有行為是否由一致信念支撐？

文化是一種「自動反應的習慣」—— 當沒有被提醒時，大家自然怎麼做。

真正的團隊一致性，就是在壓力情境、跨部門合作、新人加入時，仍然能自然展現一致的價值觀與行動反應。

如何由內部對話建立一致性基礎？

策略一：設計「價值觀翻譯會議」

每一季，由團隊成員一起討論：我們的價值觀要怎麼在實務中表現？每個人舉出一個實際行動作為詮釋。

■ 第七章　形塑信任文化的領導思維

例如：

價值觀	團隊翻譯	實際行為設計
尊重多元	不打斷發言、邀請不同聲音	每次會議保留最後 10 分鐘讓新人或實習生提出觀察
效率優先	不重複溝通、不開無效會議	會議前先傳共筆架構、每次控制在 45 分鐘內

這樣的討論可以形成**行為共識**，讓價值觀不再只是牆上標語。

策略二：建立「錯誤回顧與一致性盤點」制度

每個專案結束後，檢視三件事：

- 有哪些地方我們說一套做一套？
- 有沒有出現內外觀感落差的地方？
- 有沒有哪位成員展現了高度一致的行動，值得學習？

這種回顧讓「一致性」成為團隊反思的一部分，而非僅是品牌的需求。

策略三：讓所有人都成為一致性的守門人

設計輪值「一致性觀察員」角色，不限資深與職位，每週一人負責觀察本週的對話與行為是否偏離核心價值，並提出觀察報告。

這會讓一致性成為**日常自律而非制度規範**，並強化成員的主動參與感。

臺灣真實觀察：一致性文化如何打造外部信任感

一家以服務設計聞名的臺灣顧問公司，在 2019 年針對全體成員進行了一次「價值觀轉譯共創營」。在那場營隊中，他們討論出「設計不是服務客戶，而是陪伴轉型」這句團隊共識。

接下來他們在對外簡報、官網敘述、合約設計中，都以此為主軸，不強調輸出成果，而強調共同學習與陪伴。這讓他們吸引到更多具有系統轉型意識的企業，而非單次專案買斷者。

更重要的是，當他們在團隊內進行人員績效評估時，會納入一項指標：「是否有實踐轉型陪伴精神」，這讓新人與老員工都知道：**我們不是講好聽話而已，我們真的在活出這句話。**

一致性，才是你信任文化的靈魂

你可以寫出最動人的品牌故事、設計最有力的視覺辨識、建立最完整的標準流程，但如果內部與外部在行動上背道而馳，這一切都只是包裝。

「團隊一致性，不是整齊劃一，而是信念共識。」

從今天開始，讓內部說的話、開的會、做的事，都能對齊你想給世界的信任印象。你會發現，**當內外一致時，你不只是被看見，而是被信任。**

■ 第七章　形塑信任文化的領導思維

第三節　建立願意互相補位的合作默契

「真正的團隊，不是分工合作，而是默默補位。」

——派屈克・蘭奇歐尼（Patrick Lencioni）

團隊不是分工機器，而是信任補位的生命體

在現代組織與跨域合作日益複雜的情境中，成功的團隊不只是任務分工清楚，更是當某個人出現漏洞時，有人會**自動補上、默契填補、無需提醒地承接任務與責任**。

這種狀態，並非來自完美的規則或流程，而是來自於一個關鍵要素：**願意互相補位的合作默契**（Collaborative Backup Behavior）。

本節，我們將深入探討：

■ 為什麼補位能力是一個團隊成敗的分水嶺；
■ 補位默契如何建立？有哪些具體策略與行為指引？
■ 臺灣實務案例中，哪些團隊透過補位文化，創造了超越績效的信任動能？

為什麼補位，比分工更重要？

我們都知道分工合作是組織效率的基本前提，但真正高績效團隊的差別，不在於是否每個人都完成自己的任務，而在於：

當有人失誤、缺席、來不及、出錯，其他人是否會主動補上，不計較、也不責怪？

這種補位行為代表了三層次的信任文化：

- **責任信任**：我相信你不是懶惰，而是遇到困難；
- **心理信任**：我補你，不是因為我多偉大，而是因為我們是同一隊；
- **回報信任**：我今天補你，未來你也會補我。

補位文化不是犧牲，而是一種**彼此信任所形成的風格**，讓團隊有韌性、有彈性、也更有人味。

補位文化的三大障礙與破解方法

1. 責任界線太僵化

有些團隊習慣「這不是我的事」，一旦任務劃分明確，就不願多做一步。這雖有效率，卻使整體團隊彈性低落。

破解策略：導入「核心責任＋周邊彈性」制度，讓每個人都知道自己主要任務與可以支援的兩個領域。

■第七章　形塑信任文化的領導思維

2. 補位會被視為干涉或越權

特別在階層明確或文化保守的組織，補位反而可能被誤解為「你是不是在挑我毛病？」

破解策略：團隊中建立「開放請求支援」與「接受協助不代表失敗」的語境，例如導入「補位日誌」：每週分享一次主動補位或被補位的經驗，讓補位行為被正向記憶。

3. 補位沒有被看見或被肯定

若補位行為不被鼓勵、不被認可，久而久之，主動者會感覺吃虧或心寒。

破解策略：建立公開感謝機制，將補位者的行為寫入團隊週報或口頭致謝，讓「有人看見我願意補」成為一種文化肯定。

建立「互補默契」的四種實戰策略

1. 共同觀察任務地圖，不只關心自己的事

定期進行任務全覽討論，而非各自報告進度。每週一次，由一位成員擔任「狀態導覽員」，快速說明哪些任務卡關、哪一處可能需要支援，建立「彼此眼中有彼此」的視角。

2. 建立「支援標籤」制度

如使用 Slack、Notion、Trello 等工具時，為任務設計「Need Backup」或「Assistance Needed」標籤，讓任何人都可以在自己卡關時標示，

降低開口求援的心理負擔。

這讓補位不再是主觀發揮，而是被制度化的友善行為。

3. 跨職能小隊練習「共管任務」

選定一項非關鍵任務，由兩人以上共同負責，設計內部交接流程，實驗「你來我補，我忙你接」的節奏。這類任務可包含：

- 社群回覆
- 活動支援
- 簡報校稿
- 客戶追蹤

長期下來會形成自然互補的習慣，不需吩咐也能自動接力。

4. 引導團隊反思「最想被怎麼補？」

以引導式對話方式讓成員說出：「當我陷入卡關、來不及、腦袋當機時，我最想要的支援方式是什麼？」

這讓團隊建立「補位語言庫」，例如：

- 「我需要的是提醒，而不是責備」
- 「如果有人幫我列出三個優先處理點，我會馬上恢復節奏」
- 「不要幫我做，但陪我講一次流程我就行了」

補位默契，從理解對方開始。

■ 第七章　形塑信任文化的領導思維

臺灣實務案例：一場救火任務中的默契養成

在臺中一間設計公司中，某次專案臨時被客戶提前三週要求提交成品，原本的主責設計師因突發家庭事故無法正常工作，團隊陷入混亂。

設計主管沒有指派接手，而是召開 10 分鐘站立會議，讓每位與此案有關的成員自由提出：「我可以補什麼？」

有的接手圖像設計、有的負責提案文案、有的主動連絡客戶安撫期望，甚至有成員臨時加班幫忙完成 Mockup 展示，三天內完成初稿，贏得客戶肯定。

事後，主管設計了一場「補位感謝會」，每人向曾幫助自己的人公開致謝，並統整出一份〈專案補位流程建議稿〉，作為未來緊急任務的內部手冊。

主管說：

「補位不是應該的事，而是大家選擇相信這個團隊，願意不計得失地照顧彼此。」

補位文化，是一支隊伍情感厚度與信任深度的證明

分工讓團隊有效率，補位讓團隊有溫度。

真正有韌性的團隊，從來不是零失誤，而是即便有人跌倒，也有人會伸手，不責備、不猶豫，只因**我們是一隊人**。

第三節　建立願意互相補位的合作默契

「當補位成為本能，團隊就不再只是組織，而是彼此照顧的網絡。」

從今天起，請問自己三個問題：

- 誰最近幫我補過位？我是否表達了感謝？
- 當我發現有人卡關時，我是否出手過？
- 團隊中是否有機制鼓勵彼此補位，而非冷眼旁觀？

這些答案，將決定你所屬團隊的信任厚度與長期戰力。

■第七章　形塑信任文化的領導思維

第四節　沉浸式故事理論解說：
從默契到信任，打造無聲的團隊張力

「最強的團隊，不需要大聲溝通，也能理解彼此的節奏與底線。」
—派屈克·蘭奇歐尼（Patrick Lencioni）《克服團隊領導的五大障礙》

你一出錯，他已經補上；你沒說，他已經懂了

真正成熟的團隊，並不需要每一件事都開會確認，不需要每一次行動都用標準流程明確分配，因為他們已經**從語言協調進化為行動默契**，從責任分工走向信任補位，從制度配合升華為情感張力。

這一節，我們透過一個沉浸式團隊故事，展現一支無名卻高效的創意團隊，如何從一場意外危機開始，逐步培養出**無聲卻強大的信任文化與默契體系**。這段過程融合了本章前三節的理論重點，包括：心理安全感、內外一致的文化實踐、與補位型合作默契。

一家臺灣地方創生設計工作室「共作田」

「共作田」是一家專門協助臺灣中南部鄉鎮打造在地品牌與青年返鄉專案的工作室，成員僅六人，平均年齡33歲，無明確階層制度，講求合作、共識與彈性。

某年年底，他們接下了一個結合農村品牌、食農教育與社群策展的大型專案。合作單位包含當地農會、國中教師、地方創生基金會與農民

組織。預計在三個月內完成品牌命名、視覺設計、五場培訓工作坊與一場成果展。

一切原本順利推進,直到**第三週,專案負責人怡蓉突然因家中突發狀況緊急請假兩週。**

第一階段:沉默中的行動補位

怡蓉沒來的那天早上,團隊原本應該有一次與基金會的提案簡報,沒有人事先被指定接手。當大家發現她缺席的那一刻,只花了三分鐘,就自動完成了以下分工:

- 攝影師小齊:接手簡報播放與拍攝架設;
- 文案小儀:翻開怡蓉的 Notion 專案筆記,整理提案內容;
- 專案助理彥佐:主動聯絡基金會說明狀況,爭取 15 分鐘延後開場;
- 設計師阿謙:補充了怡蓉提案中缺漏的使用者調查研究資料。

這一切沒有領導指令,沒有「誰來處理」,每個人都知道該補哪一塊。

這是他們日常「補位文化」的第一個實戰測驗。

■第七章　形塑信任文化的領導思維

第二階段：無需開會的價值共識

提案完成後，大家坐在會議室裡喝著冷掉的咖啡，沒有人抱怨、沒有人自誇。只有小儀淡淡地說：「剛剛其實我有點緊張，怕亂講害了團隊。」

彥佐笑著說：「如果有亂講，我們也會幫你接住。」

這時阿謙補了一句：「我們最棒的一致性就是──我們不會丟包彼此。」

那場沒有預設的對話，讓他們形成了一句共同語言：「**我們可以亂，但不能躲。**」

從那天開始，這句話被寫在他們辦公室白板上，也成為對外簡報時的核心價值觀說明。

這是「內部語言與外部形象一致」的開始。

第三階段：打造願意說真話的心理安全

怡蓉回來後，第一件事不是解釋缺席，而是帶了一盒蘋果進辦公室說：「我不知道你們怎麼撐過去，但我心裡真的很感激。」

沒有人要求她補工作、沒有人在背後批評她不負責，因為大家知道，她在意。

她也在團隊週會中坦承：「其實我最怕的不是事情進度，而是我離開會不會讓大家覺得我把你們丟下。」

小齊說：「妳離開了，但妳留下了方法。那份 Notion 整理，就是我

們撐得住的原因。」

這種坦白、不批判、願意說出真實感受的對話，讓他們的心理安全感在無形中深化。

第四階段：信任複利的自然循環

隨著專案推進，他們越來越習慣在週會中分享「我最近最怕的是什麼」與「我最想被誰支援」。從一開始的尷尬，到後來成為常態。

在成果展前夕，突然有一位農會代表臨時要求更改展示動線設計。一般設計師會覺得被冒犯，但阿謙只說：「我先去現場勘查一下，我來調，讓展示更貼近當地長輩。」

而當天成果展落幕時，農民、學生、官員都說這是「最不像行銷公司辦的活動，卻最有溫度」。

他們彼此看了一眼，無需言語，知道這是：

- 補位的默契；
- 誠實對話的土壤；
- 共同語言的溫度；
- 信任文化的日積月累。

他們不完美，但**彼此可靠**。

第七章　形塑信任文化的領導思維

理論總結：這支團隊如何實踐本章三大信任策略？

信任策略	實踐方式	具體成效
建立心理安全感	坦白情緒、接受脆弱、非評價對話	成員敢說「我怕、我錯、我需要幫助」
內外一致文化	內部語言「我們可以亂，但不能躲」成為對外品牌價值	客戶認為團隊誠實、值得信任
補位默契養成	無需指令、自動補位、事後感謝、共同回顧	危機中反而深化彼此信任，成員留任率高

他們不是因為流程完備而成功，而是彼此之間不讓人掉隊的默契，打造了無聲卻強韌的信任張力。

信任不是說出來的，而是默默做給彼此看的

真正的信任文化，不是你說了多少「我們是一家人」，而是當有人出錯，你怎麼接；當有人沉默，你怎麼懂；當有人退後，你怎麼補位。

「沉默中的理解，才是真正的合作張力。」

從今天起，別問「誰的責任」，而是問「現在我可以補哪裡？」

別等別人開口，而是學會主動觀察、默默守住彼此的缺口。

當你的團隊有這樣的默契，你們就擁有一種無聲的、但無比強大的力量：信任。

第八章
建立共生的人脈網絡

第八章　建立共生的人脈網絡

第一節　打造正向循環的人脈生態圈

「一個人脈系統真正的價值，不在於你能獲得多少，而在於你能創造多少互惠的循環。」

—— 伊凡・邁斯納（Ivan Misner）

不只是人脈網絡，而是一套關係運作的生態系

現代人脈觀已不再只是「我認識誰、誰認識我」的靜態連繫圖譜，而是一個**持續互動、彼此共生、主動連結、資源共享的動態生態系統**（ecosystem）。

你的人脈圈若只靠個人魅力或單次交易維繫，那麼它就如同散落的沙堆，無法形成真正穩定的連結。但當你以生態思維運作人脈，就能創造出：

- 關係之間主動支援與互相推薦；
- 多方共利的合作機會自動浮現；
- 高信任節點形成資源共生的網絡動能。

這一節，我們將探索：

- 什麼是「人脈生態圈」？
- 如何從單點連結進化為多元互利的循環場？
- 臺灣實務案例中，如何打造具備長期續航力的人脈系統？

何謂「人脈生態圈」？三大關鍵特徵

與其說人脈生態圈是一種人際連結的狀態，不如說它是一種**協同運作的邏輯模式**。我們可從以下三個面向理解：

1. 多點互聯：你不只是中心，而是多個連結之間的橋梁

傳統人脈結構多呈「輻射狀」——自己為中心向外延伸，但生態圈的結構更像「網狀交織」，你串連的不只是人，還是彼此之間可能的**價值互補與資源配對點**。

2. 資源交換：每個連結都有貢獻與受益的機會

生態圈不是單向給予或單向獲取，而是一種多邊互惠。**當你幫助A，其實可能也間接促進了B與C的發展，整體網絡的活性才會提升。**

3. 共同場域：你不是單打獨鬥，而是建立一個大家願意持續互動的文化場

生態圈的關鍵不在於你擁有誰的聯絡方式，而是你是否提供了一個可持續交流、信任流動、知識與資源能被共創的環境，例如：共同社群、知識平臺、實體聚會、跨業共創等。

建立人脈生態圈的四大實作策略

策略一：轉換人脈觀點，從「我和他」走向「我們之間有什麼可能性？」

傳統觀點：「我想和這個人合作」

生態觀點：「我和這個人可以一起創造什麼給其他人？」

這種觀點的轉變，會讓你從尋找支援者，變成**創造共利場的人**，你

第八章　建立共生的人脈網絡

的吸引力也會因而提升。

操作建議：與一位過去合作過的對象對話，討論「我們是否可以共同為第三方創造一個有價值的產品／活動／資源包？」

策略二：設計共生平臺，讓人脈之間彼此看見

你可以嘗試建立一個平臺（不論是線上或實體），讓過去的人脈能彼此連結，例如：

- 共同主題的 LINE 社群、Slack 頻道；
- 內容共創型電子報（邀請不同人脈輪流投稿）；
- 半開放性聚會，鼓勵參與者彼此自我介紹、資源交換。

關鍵：你不一定要主導每次對話，但要設計可持續運作的空間，**讓人脈之間產生橫向流動與交叉價值。**

策略三：導入「資源地圖法」重組彼此貢獻點

為了讓生態圈成員知道彼此能給什麼、需要什麼，可以運用簡單的資源地圖工具。

每位成員填寫以下欄位：

我可以提供	我正在尋找	我目前的關注主題
內容編輯支援	ESG 專案經驗	數位轉型教育
企業講師資源	南部社創空間	青年人才媒合

這樣的地圖可以建立跨點連結，讓合作由「意外」變成「設計」。

策略四：建立複利關係紀錄與回饋機制

人脈生態圈會隨著時間與互動逐步生成信任累積，你可以為自己設計一套簡易記錄機制，例如每季更新以下項目：

- 本季互動最深的五位人脈，是否有回饋或資源交換？
- 哪些人脈曾主動介紹我或被我介紹？
- 哪些互動形成了非預期的共創可能性？
- 我是否有公開回報或感謝曾經協助我的人？

這種紀錄會強化你的人脈網絡意識，也幫助你發現生態圈中的潛在「新節點」。

臺灣實例觀察：從單打獨鬥到生態共創的實踐故事

陳柏叡（化名）是一位職涯教練，早期多靠接案維生，後來意識到個體發展的侷限，於是創立一個名為「職感基地」的社群平臺。

他一開始邀請 10 位不同領域（心理師、教練、顧問、設計師）曾與他合作過的夥伴進入，定期進行線上對話與共學活動，並開放彼此邀請客戶進行「對談式診斷」。

這個平臺有三個明確運作原則：

- 資源共享不收介紹費；
- 成果回顧固定公開發表；
- 每人每季需提供一個免費貢獻場（講座、文章、諮詢時段等）。

■第八章　建立共生的人脈網絡

　　三年內，這個社群擴展到上百位成員，其中有超過五十件跨域合作案從中誕生，不少成員因而獲得長期合約、進入新圈層，甚至轉職成功。

　　陳柏叡說：

　　「我不再是人脈的中心，而是生態圈的設計者。與其努力維繫關係，不如設計讓人願意留下來的節奏與文化。」

讓人脈不只是記憶，而是可流動的價值場

　　在現代社會，真正的人脈優勢，不來自你記得誰，而是誰記得你在創造什麼場、推動什麼價值、建立什麼樣的互動文化。

　　「打造人脈生態圈，不是把人留下來，而是讓人彼此流動、彼此成就。」

　　從今天起，不只問自己「還有誰沒聯絡」，更該問：「我設計的場，是否能讓人主動參與、交換、共創？」

　　當人們願意因為你提供的場，而連結彼此，你的人脈不再是個人關係網，而是一個永不斷流的影響力生態系。

第二節　從弱連結到共創圈的關係進化

「真正影響你人生軌跡的，往往不是熟人，而是你還不熟的人。」

—— 馬克・葛蘭諾維特（Mark Granovetter）

弱連結：人脈網絡中最被忽視，卻最具潛力的力量

在談人脈策略時，我們常高估「熟人圈」的重要性，卻低估了那些**你只見過一面、聊過幾句、關注彼此但不常互動的人** —— 也就是所謂的「弱連結」（Weak Ties）。

社會學家馬克・葛蘭諾維特（Mark Granovetter）在 1973 年的經典論文〈弱連結的力量〉中指出：**影響職涯轉機、創造跨界合作、發現新資源的，往往來自於弱連結人脈**，因為他們處在不同圈層、帶來不同視角，並有機會突破你的資訊邊界。

但我們不能只停留在弱連結的「偶然效益」，而應思考：**如何有策略地讓這些弱連結，轉化為共創型關係？**

本節將探討：

- 為什麼弱連結對現代人脈經營至關重要？
- 如何辨識、喚醒、啟動你的弱連結網絡？
- 如何讓弱連結進化為共創圈，並形成長期互動與價值交換？

■ 第八章　建立共生的人脈網絡

為什麼你的人脈轉機，多來自於「不熟的人」？

以下三個原因，解釋了弱連結為何比強連結更具破圈潛力：

1. 資訊來源非重疊

強連結的人大多與你處於相似環境、圈層、話語系統，容易產生資訊同溫層。而弱連結因處於不同場域，反而能帶來**全新的資源、機會與觀點**。

2. 介紹動機強、情感負擔小

弱連結之間的人際壓力較低，一旦有合作需求、資源媒合機會，他們反而更願意主動推薦你，因為**他們的名聲風險相對小，且你不會造成他們過度情緒負擔**。

3. 結構洞察機會高

社會網絡理論指出，一個人若能連結兩個未連結的群體，就能成為資訊與資源的中介者。弱連結人脈往往提供這樣的「結構洞」機會，使你成為價值轉運站。

喚醒你的弱連結網絡：三步辨識與啟動策略

第一步：盤點你的人脈潛能表

請打開你的通訊錄、LinkedIn、Facebook、名片盒或參與過的課程社群，標記那些：

- 只互動過一次或兩次；
- 過去曾對你表達過好感、專業尊重；
- 你覺得很想合作但當時無機會發展；

這些人就是你潛在的弱連結資源庫。

建議設立一份「弱連結潛力表」，記錄他們的專長領域、你與對方的接觸背景、當初互動留下的印象關鍵字。

第二步：設計一次有價值的主動互動

不要只傳「哈囉好久不見」，這樣訊息可能直接被忽略。相反地，**從價值出發，設計一次具體的互動理由：**

「我最近看到你在談永續議題，這是我整理的 ESG 簡報工具，想請教你怎麼看？」

「上次你提到對職涯轉型有興趣，我最近訪談了幾位相關者，有份資料想給你參考。」

關鍵不是聯絡，而是**製造彼此再次相遇的意義**。

第三步：建立「試探式共創」場景

一開始不求合作，而是設計「輕量共創場」讓彼此重新理解與定位彼此：

- 共寫一篇文章；
- 共辦一場微型分享會；
- 一起參與某個志工／社群／小型競賽活動。

這樣的參與機制能在低成本、低風險的前提下，建立新的默契與觀察點。

■第八章　建立共生的人脈網絡

從弱連結進化為共創圈的四大關鍵設計

要讓原本只認識的弱連結變成長期互動與資源交換的對象，你需要有意識地建立下列四種「共創條件」：

1. 明確主題定位：讓人知道你想在什麼議題上持續互動

例如：「我想在青年議題上建一個跨業實驗場」

這比說「我最近在找人合作」更容易被對方接收與想像。

2. 可持續參與的節奏設計

不必天天聯絡，但你可設計月一次線上對談、季一次共創輸出、年一次實體聚會等節奏，讓關係有機會持續被點燃。

3. 雙向價值的展現與承接

你不能只讓對方「幫你」，而是也能為對方創造價值，例如主動分享資訊、引薦資源、給予回饋與意見。

4. 讓他人成為彼此的引路者

建立小圈合作後，可以主動擴展到對方的弱連結網絡。**你幫助他建立關係，他也會帶你走進新的圈層。**

這種三層結構會讓人脈網從單點連結，擴展成立體共創網絡。

臺灣實例觀察：從弱連結出發的職涯轉向故事

江昕妤（化名）原本是外商公司的產品經理，在一次產品設計年會中，與一位人資顧問有過短暫對話。兩年後，她決定轉型進入職涯教育領域，主動寫信給對方，信中提到：

「那年你分享的『職場中段學習曲線』讓我記到現在。我最近也在做轉型的筆記與觀察，很想知道你怎麼看這個變化期。」

這封信促成了一次深入對談，之後她提議共同開設一場「給中生代職人轉型的3場沙龍」，結果報名人數爆滿。他們又找了第三位設計師加入，轉型為「生涯練習室」線上社群，半年內吸引上百位職涯轉型者參與。

她說：

「一開始我只是想把一段記憶連回來，但後來我發現，當你不是為了找工作或拜託，而是想一起創造些什麼，人們反而更願意靠近你。」

弱連結，是人脈進化為共創網的入口

你不需要每一位人脈都很熟，但你必須有一種能力——**喚醒你與他人之間未被啟動的可能性。**

「**關係的厚度，不只來自時間，更來自你們能否一起創造價值。**」

從今天起，請嘗試：

▪ 回顧你過去一年曾接觸但未再互動的對象；

■第八章　建立共生的人脈網絡

■　設計一次具意義的重新連結；
■　問自己：「我們能不能為別人一起做點什麼？」

　　你會發現，你不再是單點作戰的人脈管理者，而是一位**連結潛能、策動關係、促進共創的網絡設計者**。

第三節　讓人願意留下來的關係文化經營

「一段關係能否長久，不在於你能給多少，而是對方是否感覺被看見、被尊重、被需要。」

—— 布琳・布朗（Brené Brown）

真正留住人心的，不是誘因，而是文化

我們都曾經歷過一段關係：起初熱絡、互動密切，後來逐漸冷淡、沉默、斷聯；也曾加入過某個社群、平臺、圈子，剛開始積極參與，後來卻不再登入、不再回應，甚至忘了自己曾在其中有過身分。

這樣的流失，不是因為雙方不夠專業、活動不夠精彩、或價值不夠高，而是因為**缺乏一種讓人願意留下來的文化土壤**。

你可以靠制度把人找來，但你得靠文化讓人願意留下。

而關係文化的核心，不是「讓大家更有效」，而是**讓人覺得自己在這裡是被理解、被信任、被重視的**。

本節將聚焦探討：

■　什麼是讓人留下來的關係文化？
■　如何從互動細節設計長期信任感？
■　臺灣實務案例中，如何建立高參與、低流失的人脈共創社群？

■第八章　建立共生的人脈網絡

關係文化的三個核心要素

根據人際動機心理學與社群設計經驗，讓人持續參與一段關係的文化基礎，主要來自三個關鍵元素：

1. 歸屬感：我感覺我在這裡有位置

這不是形式上的「會員資格」，而是心理上的「我在這裡的存在有意義」。是否有人會注意到我的表達、在意我的想法、歡迎我的貢獻？

實作指標：當有人幾週未出現，是否有人主動關心？當新人加入，是否有儀式迎接或介紹？

2. 認同感：我理解這裡在做什麼，我也認同這個方向

若一段關係或社群的運作毫無價值明確性、方向混亂或動機模糊，人們會逐漸失去留下的理由。**好的關係文化，會讓你知道：我們為何聚在一起。**

實作指標：這段關係是否有一個可以說出口的共同語言？是否有定期溝通價值主軸或未來目標？

3. 成就感：我在這裡能發揮、被看見、有成長

關係不是只是聊天閒聊，而是**可以創造些什麼的場域**。人們願意留下的，不是因為「無聊來這裡」，而是「在這裡，我可以變得更好」。

實作指標：是否有空間讓人主動提案、參與、創作？是否有機會被肯定與回饋？

經營讓人願意留下的關係文化：五個實戰策略

策略一：建立「個人化連結」機制

關係文化的起點，是讓人覺得自己不是「人群中的一個」，而是「被特別記住的一位」。

作法：

- 新加入者在一週內收到創辦者或主理人的個人問候；
- 每位參與者在活動前被簡單介紹：「這是第一次參加的○○，他最近剛轉職，也很關注職涯轉型。」

這樣的細節會讓對方產生：「我在這裡不是透明的」心理歸屬。

策略二：打造「集體儀式」與價值語言

人脈不只是人與人的關係，更是**一種可共感的文化氣味**。透過儀式設計與語言共享，可以加深群體認同。

作法：

- 每次聚會都以同一句開場語開始，例如：「歡迎來到這場相信『成長可以一起發生』的聚會」；
- 建立文化語言：像「不完美沒關係，我們彼此補位」這樣的內部話語，可轉化為共享信念。

這些語言會在成員心中內化為一種信任訊號。

第八章　建立共生的人脈網絡

策略三：設計「可見貢獻點」，讓人有參與舞臺

人不是喜歡一直聽，而是渴望能參與、能貢獻、能影響。

作法：

- 每次聚會安排「閃電分享時間」，每位成員可報名 3 分鐘的經驗談；
- 開放成員提出主題、規劃活動、管理社群帳號、寫共筆紀錄。

這不只是分工，而是**給予舞臺**——讓人覺得「這裡也有我創造的痕跡」。

策略四：建立「回饋文化」，讓行動被看見

貢獻若沒被認可，人們會失去動力。透過公開感謝、文字回饋、互動記錄，讓每一次投入都能被尊重與記住。

作法：

- 活動結束後固定發送「謝謝你參與」信件，標注具體貢獻；
- 建立「社群之星」機制，定期公開感謝主動出力者。

這不是表面功夫，而是信任流動的管道。

策略五：預留「退出尊重」的空間

關係文化也包括「體面離開」。讓人離開時感覺不被冷落、不被遺忘，反而會留下好的回憶，日後可能再回來。

作法：

- 當成員長期未現身，可主動發送溫暖訊息：「我們知道你最近可能很忙，也想說，我們很珍惜曾一起創造的那段時間。」

- 社群年度調查時設計「暫離選項」，讓人保留退場但不切斷的空間。

這樣的關係，**比緊抓不放，更能讓人心甘情願地回來。**

臺灣實務案例：打造低流失、高參與的「未來工作圈」

「未來工作圈」是一個臺灣自主發起的跨界對談社群，聚焦於自由工作、數位轉型與未來職場。

起初只是三位自由講師共同開設的讀書會，短短一年內累積超過 500 名參與者，平均活動參與率高達 72%。他們如何做到這點？

- **所有活動都有「參與者回饋牆」，讓每人能留言、發問、互動；**
- **每月有一場「成員日」，開放任何人提出活動主題與規劃方案；**
- **設計一套「屬於未來工作者的語言集」，例如：「我們練習透明而不全然公開」、「我們容許脆弱但不縱容散漫」。**

這些細節，讓參與者感受到：「**這不是一個活動，而是一個讓我感覺被理解的文化場。**」

他們不是靠薪水、福利、制度吸引人，而是靠一套彼此理解、彼此支持的文化信任。

■第八章　建立共生的人脈網絡

讓人留下的，不是人脈，而是文化

當一段關係能讓人感到「我在這裡不會被忽略」、「我有被傾聽與貢獻的機會」、「我能夠安心做自己」，這段關係就超越了人脈的定義，進入了**情感支持與價值共創的高層次連結**。

「真正的連結，不是你找了多少人來，而是你創造了一種文化，讓人願意一直留下。」

從今天開始，請問自己：

■　我提供的場域，有讓人感到歸屬、認同與成就嗎？
■　我是否設計了讓人參與、發聲、被記住的機會？
■　我是否用文化的溫度，維繫人脈的厚度？

當你能為關係設計出一套讓人留下的文化，你不只是人脈經營者，而是信任的培育者。

第四節　沉浸式故事理論解說：自轉也公轉的人脈生態建構法

「真正強大的人脈網絡，是你自己穩定旋轉，也能帶動他人協同運行。」

—— 伊凡・邁斯納（Ivan Misner）

人脈生態的進化，是靠更聰明的自我與網絡設計

許多人在人脈經營上疲於奔命，不停聯絡、參與、曝光、建立新關係，但始終感覺：**人脈像是消耗戰，而非成長引擎。**

真正成功的人脈網絡，像一個穩定自轉又帶動公轉的系統：你自己持續產出價值與信任，同時**讓他人能與你連動、合作、共享、共創。**

這一節，我們透過一位地方青年發展行動者的故事，展現如何從單打獨鬥，逐步建立起一個**自轉也公轉的人脈生態系統**，結合本章前三節的理論重點：正向循環生態設計、弱連結關係轉化、與讓人願意留下的文化營造。

林孟書，35歲，雲林土生土長的青年行動家

林孟書原本在臺北從事影像剪輯工作，後來回到雲林老家陪伴年邁母親。面對職涯中斷與人脈斷裂，他決定重新定義自己：成為一位推動在地青年返鄉與數位共學的行動者。

■第八章　建立共生的人脈網絡

起初他什麼都沒有：沒資源、沒團隊、沒曝光。他開始寫部落格記錄自己在家鄉的所見所感，包括農村的數位落差、青農的困境、地方青年之間的孤立。他告訴自己：

「既然我沒有人脈，那我就創造一個讓人想留下來的場。」

第一階段：建立自轉核心，穩定輸出價值

孟書從每週一篇文章開始，內容聚焦於「農村青年如何運用數位工具改善生活」。他的文字誠懇又具體，不賣弄、不抱怨，反而吸引一批默默觀察的關注者，包括臺北的社會設計師、臺南的自由工作者、苗栗的社造研究者。

他用內容自轉，創造出一個價值信號。**他的價值不是來自「我認識誰」，而是「我讓誰開始關心這件事」。**

某次他分享一個〈在地青農 LINE 群管理 SOP〉，被社群設計圈廣為轉發，一週內收到超過 30 封合作邀約。他回應不完，但他記下每一個人，並說：

「我們先來開一場線上對話，來談談你們怎麼看農村數位共學。」

第二階段：開放協同參與，形成公轉節奏

這場對話原本預計只有 8 人參與，最後擠進了 32 人。有人是政策顧問、有人是 NGO 工作者、也有學生、返鄉者與教師。這次對話之後，大

家不想就此結束，孟書說：「那不然我們每個月辦一次，輪流由不同人主持，議題不限，但要跟『在地青年共學』有關。」

這成了「鄉創 Open Talk」的雛形。半年內共舉辦 6 場，每場都有 20 ～ 50 人參與，慢慢發展出：

- **共學筆記**：每場活動都有人整理紀錄並上傳 Notion；
- **輪值主題制**：不同人主題、不同人主持；
- **成員互推制**：每次可邀請一位新成員進場。

他不主導，而是設計**讓人自然公轉的場域架構**。

第三階段：打造文化場，讓人留下、成長、貢獻

一年後，「鄉創 Open Talk」累積超過 200 位參與者，孟書開始設計更穩定的文化機制：

- **迎新儀式**：每位新進者需分享一句與在地有關的經驗故事；
- **退出回饋表單**：若長期未出現，會收到關懷與問卷，了解原因；
- **共筆文化**：鼓勵所有人不只參與，也要留下自己的觀點、資料、連結；

這些設計讓人感覺：**我不只是來聽，我是這裡的一部分。**

而人脈，也不是他努力追來的，而是**在他建構的文化場中自動繁殖與流動的結果**。

■第八章　建立共生的人脈網絡

第四階段：生態圈自營化，影響力外溢

某天，他收到一封來自日月潭一所高中的邀約，希望他能協助成立一個「校內地方設計學程」。他問對方怎麼知道他的？

對方說：「我們有一位老師的妹妹，是你 Open Talk 裡的一位設計師朋友的同學。她一直在轉發你們的內容給我們看。」

他才意識到：**人脈正在不需要他主動推動的狀態下，自我繁殖、公轉擴散。**

後來他不只協助日月潭，也被嘉義、臺東、高雄等多個地區邀請合作。每一個合作，都不是因為他「認識誰」，而是因為他「打造了一個值得被連結的場」。

系統化分析：孟書如何實現自轉也公轉的生態圈？

系統層次	關鍵行動	成效說明
自轉核心	穩定內容輸出、聚焦特定價值、建立清楚定位	吸引主動靠近者，形成人脈入口
公轉節奏	共創對話、輪值機制、知識共筆	從個體互動轉為網絡連動
文化場域	迎新儀式、退出尊重、可貢獻舞臺	增強黏著度與心理歸屬感
生態繁殖	成員自帶人脈、主動擴散影響	從你的人脈變成大家的社群

第四節　沉浸式故事理論解說：自轉也公轉的人脈生態建構法

他不是用力維繫關係,而是用心設計節奏與文化,讓人脈系統成為一個**有機運作、持續共振的信任網絡**。

你不是網絡的中心,而是生態系的穩定節點

「真正的關係設計,不是你能控制多少人,而是你能否創造一個讓彼此自動協同的空間。」

當你能穩定自轉(輸出價值、堅持信念、保持節奏),又能帶動他人公轉(參與、連結、合作),你的人脈將從「關係」進化為「場域」,從「名單」進化為「共創網絡」。

從今天開始,不只問自己「我認識誰」,而是問:

- 我創造了什麼讓人願意留下的場?
- 我的節奏是否值得他人協同共轉?
- 我的人脈,是靠我推進,還是已經開始自我擴散?

當你同時自轉也能公轉,你就打造了一個可以永續的人脈生態系統。

第八章　建立共生的人脈網絡

第九章
精準經營的人脈判讀術

第九章　精準經營的人脈判讀術

第一節　辨識人脈價值的三個層次

「人脈不是多與少的問題,而是能不能幫你穿透盲點、突破瓶頸、開啟轉機。」

—— 基斯・法拉奇（Keith Ferrazzi）

有些人帶你向前,有些人讓你原地踏步

在人脈經營的世界裡,最令人誤解的一個盲點就是:「人越多越好」、「認識越廣越強」,但事實往往恰好相反。**真正能讓你產生根本上變化的,往往只占你人脈網絡中的極小一部分。**

這一節,我們不講如何結交更多人,而是要帶你練習「辨識」哪些人是值得深耕的、哪些是可以觀察的、哪些是應該放手的。

這不只是管理時間與精力,更是一種關於信任、判斷與資源分配的策略能力。

人脈價值的三個層次模型

我們將人脈價值分為三個層次,並以「關係密度 × 互動品質 × 轉化潛力」三軸為座標進行判讀。

第一層：核心價值人脈（Strategic Core）

這些人通常具備以下特質：

- 長期信任關係，彼此有實質互動歷史；
- 能對你的目標與方向提供建議、資源或關鍵牽線；
- 願意為你站臺、背書、共創。

判斷標準：

- 他是否會在你不在場時主動替你說話？
- 他是否曾在關鍵時刻提供實質協助？
- 他是否理解你此刻的目標與痛點？

這些人不多，可能只有 3～5 位，但他們決定你人生的關鍵轉折。

第二層：潛力連結人脈（Growth Tier）

這層人脈通常是：

- 與你理念相近，有合作意圖但尚未深入；
- 有交集，但互動不密集或不穩定；
- 具備跨圈層的可能性，可以帶你進入新領域。

判斷標準：

- 他是否主動對你產出內容有所回應或引用？
- 是否曾與你進行過短暫但有價值的對話？
- 是否願意在小規模合作中嘗試互動？

這些人是你網絡的「新芽」，值得耕耘與觀察。

■第九章　精準經營的人脈判讀術

第三層：關係消耗人脈（Drain Zone）

這類人脈有以下情況：

- 互動總是單向索取；
- 只在對自己有利時聯絡；
- 對你的價值與努力無視，甚至持有負面消耗。

判斷標準：

- 是否每次互動後你感到疲憊、沮喪或價值被稀釋？
- 是否長期只來「要資源」，從不回饋或投入？
- 是否你多次釋出善意，卻無任何正向循環？

這些人不一定是壞人，但**他們讓你的資源失衡、情緒被拖累、能量被拉扯**。

如何運用「人脈層級思維」做出策略性判斷？

1. 每季一次的「人脈盤點日」

你可以固定每三個月進行一次人脈盤點，列表如下：

姓名	關係層級	最近互動	對我目標的助益	我為他貢獻了什麼
陳○君	核心價值	上月共同辦活動	幫我進入公部門圈層	提供設計資源與策展協助

姓名	關係層級	最近互動	對我目標的助益	我為他貢獻了什麼
王○婷	潛力連結	半年前共創一篇文章	有機會開拓企業培訓市場	提供社群推廣與發想
李○明	關係消耗	常發早安圖問問題	無實質幫助	多次提供資料、沒回饋

這份表格會提醒你：**你的時間要放在哪裡，精力要投資在哪些人身上。**

2. 規劃「核心人脈再深化計畫」

針對核心人脈，可以思考：

- 我是否了解他的現在與未來需求？
- 我是否能幫助他也達成他的目標？
- 我是否該設計一場對話／共創來鞏固關係？

記住：核心人脈不只是靠交情維持，而是靠**持續的價值交換**深化。

3. 建立「潛力連結實驗場」

對於潛力人脈，不要求速成，而是提供小而精的合作機會，例如：

- 邀請對方共辦一場 30 分鐘線上分享；
- 提出一份小專案草案，詢問對方想法；
- 寄出一封高品質的回顧信：「這三個月我學到的三件事與我想找的下一段對話」。

這些行為會逐步測試對方是否願意互動、投入、延伸信任。

4. 設定界線，溫和放下關係消耗者

與關係消耗人脈互動時，請給自己設定以下界線：

- 若三次互動都無回饋或正向循環，停止主動聯絡；
- 若對方常以情緒勒索或責任移轉方式互動，可漸進式減少回應密度；
- 若對方因你的成長而產生貶低與質疑，則應思考斷開這段關係的必要性。

你不是殘忍，而是負責任地守住自己的能量場。

臺灣觀察案例：從廣撒網到精準經營的成長轉型

林廷恩（化名）是一位行銷顧問，剛創業時每天參加活動、加好友、換名片、私訊交際。兩年後他發現自己筋疲力盡，社群超過三千人，但能真正合作的不到十位。

他開始實施「三層人脈盤點法」，每週五回顧自己與誰有實質互動，並將核心與潛力人脈逐一筆記與規劃。他說：

「我不再努力維繫每個人，而是放更多心力在五個最重要的人身上。他們後來帶來的合作，比我以前一年參加的所有活動加起來還多。」

他甚至設計了一份「關係地圖牆」，貼在自己辦公室：三圈人名，標示連結與合作歷程。這面牆提醒他：**人脈經營不是社交秀，而是價值耕耘。**

選對人，做對事，比努力交朋友更重要

你不需要認識五百人來證明自己有人脈，你需要的是**有五個在你最需要的時候願意站出來的人。**

「**真正的人脈策略，是清楚知道誰是你的人、誰只是過客、誰是該放下的重量。**」

從今天開始：

- 停止內耗，放下拖累你的人；
- 放大連結，培養真正願意同行的夥伴；
- 用策略性視角經營信任，讓人脈成為你真正的推進力。

■第九章　精準經營的人脈判讀術

第二節　辨識資源型、影響型與連結型關係人

「人脈中的每一種角色，都是你價值網絡的一部分，關鍵是你有沒有看懂他們真正能扮演什麼功能。」

―― 喬治・西蒙（George C. Simon）

一段關係的價值，不只在互動次數，更在於功能角色

在廣大的人脈網絡中，有人給你機會，有人幫你發聲，有人讓你接軌新的圈層。這些不同角色，雖然可能都只是一次握手或幾次對談的關係，但他們在你的人脈策略中扮演的「功能」各自不同。

如果你能辨識出這些關係人所屬的角色類型，就能更清楚：

- 該如何與他們互動；
- 應用什麼策略與節奏；
- 如何在每一次接觸中創造最大價值。

本節我們將拆解人脈網絡中三大核心功能角色：

- 資源型關係人（Resource Partners）
- 影響型關係人（Influencers）
- 連結型關係人（Connectors）

資源型關係人：給你實質資源與解方的人

這類人通常具備以下特徵：

- 他們握有你當下所需的工具、金流、平臺、通路或知識；
- 他們可提供具體協助，如場地、技術、資金、內容；
- 他們的價值來自「可實作性」，而非曝光或擴散。

舉例：

- 願意借用公司會議空間的商務發展經理；
- 願意幫你改寫簡報、校稿、共同寫計畫的同儕夥伴；
- 提供你進入某項補助申請流程的專家顧問。

經營策略：

- 對資源型關係人，**要具體而清楚地表達需求與回報**；
- 建議使用「合作模式圖」呈現合作方式，讓對方一目了然；
- 結案後記得具體致謝並留下合作成果資料，有助後續循環。

實用話語設計：

「我想試著做一份內容計畫，過去看你在這領域很有經驗，是否願意花 30 分鐘看一下初稿、給我一些建議？」

■ 第九章　精準經營的人脈判讀術

影響型關係人：能替你創造認可與信任擴散的人

他們或許不會幫你操作流程，但只要一句話、一個轉發、一場共同現身，就能讓你被更多人信任或接納。

這類人通常具備：

- 群體中的認可度高（社會信譽）；
- 在特定領域有話語權與象徵意義；
- 他們的「信任背書」就是最大的影響力。

舉例：

- 在社群上轉貼你內容並留言推薦的資深前輩；
- 願意在場合中介紹你給其他人、強調你的專業；
- 願意引用你說過的觀點，納入他的演講或文章。

經營策略：

- 不用強求合作，但要設法**讓他們認識你的價值觀與語言風格**；
- 可先主動分享對方的內容、產出共鳴回應，建立對話默契；
- 他們通常重視「理念一致感」，而非功利性需求。

實用話語設計：

「我最近閱讀您關於新世代職涯選擇的觀點，深受啟發，也將它納入我近期的社群內容撰寫，想與您分享我整理的架構，若您有任何建議，對我會是很大的幫助。」

連結型關係人：能打開圈層、搭起橋梁的人

這類人或許不是終端決策者、也未必是專業提供者，但**他們擅長牽線、介紹人、搭建合作對話的場域，是「你與其他人之間的橋梁」**。

他們的價值在於「流動性」與「網絡搭建能力」，而非直接輸出。

特徵辨識：

- 他們總是在社群、場合、論壇中擔任主持人／介紹人；
- 他們樂於串聯不同領域的人，常說「我幫你介紹誰好了」；
- 他們的影響力來自「誰都認識他」，而非他有多強勢能量。

經營策略：

- 這類人喜歡「被信任的邀請」，如請他幫你介紹某人，但要先清楚說明對方為何值得他介紹；
- 可與他共創活動、社群或一篇整理型文章，提升彼此的可轉介性；
- **把他變成你可信任網絡中的節點。**

實用話語設計：

「我最近想拜訪幾位正在做 ESG 轉型的中小企業主，聽說您與那個圈子熟識，不知是否方便引薦一位值得我學習的對象？」

■ 第九章　精準經營的人脈判讀術

三型關係人整理比較表

類型	主要價值	最佳互動方式	經營重點
資源型	提供實際協助與解決方案	明確需求、具體回饋	設計互利結構與任務對接
影響型	產生信任背書與擴散效應	建立理念連結、尊重對話	產出共鳴內容、成為思想盟友
連結型	打開圈層、創造交集機會	給予推薦依據、共創節點	進入他信任網絡，成為轉介信號

臺灣真實觀察：一場講座如何辨識三型關係人

在一次由設計產業推動平臺舉辦的創意講座中，主講人楊婉婷（化名）分享她的品牌故事後，收到三種回饋訊息：

■ **資源型**：一位地方書店店長主動說：「如果你願意辦一場實體小聚，我可以免費提供空間與人力協助。」
■ **影響型**：一位設計媒體編輯寫了一篇觀後心得文，並標記她：「這是我近年來最喜歡的設計人訪談現場。」
■ **連結型**：一位創業加速器的成員說：「我覺得你可以和我們這個青年創業論壇認識一下，我來幫你牽線。」

這三個人代表了三種關係價值層面——
她沒有一味感謝所有人一樣多，而是根據每人的角色設計不同的後續行動策略。

懂得分類人脈角色，才有策略地精準互動

你不能用一種語氣對所有人，也不能用同一種合作模式經營所有關係。

「不是每個人都會為你站上舞臺，但每一類人都有讓你走得更遠的位置。」

從今天開始，請問自己：

- 我目前的資源型人脈有哪些？我有為他們創造互利機會嗎？
- 有哪些影響型人脈，是我值得主動對話與產出的對象？
- 誰是我的潛在連結型節點？我是否給他們足夠清楚的介紹素材？

當你看懂人脈的「功能價值」，你就能做出**更少錯誤投資、更有策略的信任布局**。

■第九章　精準經營的人脈判讀術

第三節　高價值人脈的辨識指標與錯誤迷思

「不是每個認識你的人都會為你打開門，真正值得經營的人，是那些懂得、願意也有能力成就你的人。」

—— 喬・波蘭尼（Joe Polish）

人脈多，不等於人脈強

我們常聽到一句話：「你的人脈就是你的財富。」但事實上，真正有價值的人脈，不是看數量，而是看品質。而判斷品質的關鍵，不在表面的熟悉感或交情深淺，而是**這段關係是否具備「可轉化性」與「可複利性」**。

本節將拆解：

■ 高價值人脈應具備的五大指標；

■ 常見的四種人脈判斷錯誤；

■ 如何修正你的人脈經營雷達，避免盲點與自我消耗。

高價值人脈的五大辨識指標

指標一：願意主動推薦你的人

這類人會在適當時機、適當場合、向適當對象主動提及你，甚至為你引薦、背書。

判斷問題：

「當他遇到與我專業或理念相關的場合，是否會第一個想到我？」

這種人不只是認可你，而是**願意讓自己的信任轉移到你身上**。

指標二：能夠共同創造價值的人

他不只是點頭稱是，而是會與你一起思考、執行、回饋。無論是共同專案、共寫文章、合辦活動，或僅僅是一段深刻討論，他都願意投入。

判斷問題：

「我們是否曾一起產出什麼？是否有可能再次共創？」

高價值人脈不只是被動接收，而是**互動中的共同產能者**。

指標三：會給你真實回饋的人

當你陷入盲點、偏見、過度樂觀或執著時，他會坦誠地提出建議，而不是附和與沉默。

判斷問題：

「他是否曾指出我的問題或提醒我潛在風險？」

真實回饋是一種難得的信任表現，也是一段關係是否進入深層的關鍵指標。

■第九章　精準經營的人脈判讀術

指標四：他也在成長且願意與你同步

這類人不是靜止不動的人脈，而是**持續進化、也會帶著你一起進步的夥伴**。

判斷問題：

「這段關係是否會讓我產生學習動力或提升視野？」

高價值人脈往往不只幫你解決問題，更會**提升你對世界的理解維度**。

指標五：在你失勢時仍選擇站在你這邊的人

真正的高價值人脈，不會只在你風光時出現。他在你低潮、失敗、退場時，依然相信你、支持你、陪你。

判斷問題：

「當我無法提供任何利益時，這個人還會選擇留在我身邊嗎？」

這類人少之又少，但**他們的價值，常遠高於你能想像的資源與機會**。

四種常見的錯誤人脈判斷迷思

迷思一：「我們很熟＝他一定願意幫我」

熟悉感可能來自共同經歷、長期共事、或社群互動頻繁，但熟不代表信任，也不代表轉化。

修正認知：問自己「他上次主動協助我，或回應我內容，是什麼時候？」

熟識度不能取代信任密度。

迷思二:「他很有資源＝他就是高價值人脈」

對方再有資源,若他無意分享、無暇合作、無興趣聆聽,你對他的存在只能是**旁觀的仰望,而非合作的夥伴**。

修正認知:問自己「這段關係是否有互動,而非只有關注?」

高價值,不只是對方的身分條件,更是你們之間的互動溫度。

迷思三:「他願意幫我＝他願意長期參與」

有些人是當下慷慨,但無法長期投入。有些人能一時替你開門,卻無法陪你一起走進去。

修正認知:觀察對方是否願意投入後續追蹤與共同行動。

高價值人脈,是能從一次互動走向長期連結的那種人。

迷思四:「他講得很熱情＝他會真的行動」

熱情的語言、鼓勵的訊息,並不代表實質的參與與承諾。有些人只會說場面話,有些人則是真心但力有未逮。

修正認知:觀察他過去對他人／他事的行動歷史,而非只看對你說了什麼。

言行一致,是高價值人脈的核心特徵。

■第九章　精準經營的人脈判讀術

臺灣觀察實例：從「圈內人」到「深連結者」的覺醒歷程

楊孟軒（化名）是一位文化媒體策展人，30歲以前，他參加過無數講座、論壇、派對，被稱為「最有人脈的創意人」。

但當他某次申請大型文化合作案失敗、手邊專案停擺時，發現平時熱絡互動的「圈內朋友」幾乎沒人主動詢問他的近況，只有兩位曾在過去被他幫過的人，主動發訊息問：「有沒有需要我一起想想看可以怎麼處理？」

其中一位甚至主動提供他與某文化基金會牽線，另位則協助他重寫企劃書、陪他練提案簡報。

事後他在社群寫下：

「真正的人脈，不是在活動現場拍過幾次照的人，而是那些你不必邀請，他就會陪你處理後臺的人。」

從那時起，他開始主動簡化社交，精選他要深耕的人脈，並建立一套「價值交換＋關係支持」的記錄表。他說：「我不是在減少人脈，而是**把人脈還原成真正的夥伴關係。**」

你值得為自己建構一套真正有意義的關係資產

不必再被人脈的數量綁架，也不必對每一段關係都投注平等的時間與情緒。

第三節　高價值人脈的辨識指標與錯誤迷思

你需要的是：

- 一套**清晰的辨識指標**，幫你看懂誰是值得投資的夥伴；
- 一個**誠實的反思框架**，幫你跳脫熟悉＝信任的假象；
- 一個**持續經營與更新的人脈雷達**，幫你掌握成長節奏中的關鍵同行者。

「真正的人脈，是在你真實樣貌裡，還願意留下來的人。」

從今天開始，回頭盤點那些讓你願意真誠、真實、真心的人。

他們，就是你人生價值複利的起點。

■第九章　精準經營的人脈判讀術

第四節　沉浸式故事理論解說：
看見誰能一起走遠的信任判讀術

「真正的關係，不在你風光時有多少人圍繞，而是在你不被看見時，還有誰選擇站在你身旁。」

—— 布琳・布朗（Brené Brown）

誰能陪你走一程，誰能陪你走一生？

在現代的人脈經營現場，我們往往過度關注「拓展」，卻忽略了最關鍵的一個提問：**哪些人，能走得長、走得深、走得穩？**

你也許可以在短期之內，建立出看似熱絡的社交關係網，但真正能為你人生與事業帶來轉變的，往往是那些**看似低調、卻穩定共振的長期夥伴。**

本節，我們透過一段沉浸式敘事，完整展現一位創業者如何在一次重大挫敗中，重新學會「辨識真正值得走遠的人」，並建立起屬於自己的人脈判讀力與長期信任策略。

曾元昊，38歲，新創社會企業共同創辦人

元昊是一位具有社會理想的新創創業者，五年前與兩位好友創立「Urban Farm Lab」，推動都市垂直農場解決食物里程與綠地不足問題。起初備受媒體關注，募資也很順利。

第四節　沉浸式故事理論解說：看見誰能一起走遠的信任判讀術

然而，隨著營運規模擴張、投資方介入，團隊在方向、節奏與價值理念上產生劇烈分歧。終於在第二輪募資失敗後，兩位共同創辦人先後離開，主要合作廠商也退出，Urban Farm Lab 瀕臨解散。

那段時間，元昊每天醒來第一件事就是確認有多少合作信被退回，有多少社群留言被刪除，多少人從他生活中悄然消失。

危機初現：關係像浪潮退去，誰還站在岸上？

在一週內，原本幾十位「常態互動」的合作人脈中，只有五位主動聯絡他、問他需不需要幫忙或傾聽。元昊仔細回顧，發現這五人有一個共通點：

- 曾與他共度實作時刻；
- 在沒有媒體或利益介面時也主動關心他；
- 即使無法提供資源，也願意聽他訴說困境。

其中一位是他曾經協助申請政府計畫的年輕創業者林郁庭，主動寫信給他說：

「你幫過我整理商業簡報，我記得那時你沒收我一毛錢。如果你需要我這邊幫忙聯絡社創基地，讓你繼續推動計畫，我很願意一起想方法。」

元昊當下有如雷擊 —— **原來真正的信任，不靠話語，而是曾經的共時與共難經驗所建構出來的。**

■ 第九章　精準經營的人脈判讀術

> ## 重新梳理：哪些關係只是「熱度」，
> ## 哪些關係擁有「厚度」？

他開始依據以下三個指標，重新盤點自己的人脈地圖：

- **是否曾一起做過難的事？**（共苦經驗）
- **對方是否曾在沒有回報預期下，主動投入？**
- **當我錯、退、低時，他是否依然願意接住？**

他發現：

一些過去一起演講、合作過的「高熱度社交對象」，如今已封鎖或失聯；

反而那些曾與他一起在颱風夜布展的工讀生、凌晨三點幫忙他偵錯系統的工程師，仍默默關注他、留言鼓勵。

他重新定義人脈的價值核心是：**共時性、真實性與不對等情境下的選擇。**

建立長期信任的三個關係類型

元昊將這些經驗統整為三種「可一起走遠的人脈角色」：

1. 陪你下場的人（Execution Partners）

這類人不只是提點意見，更會在你實際行動中一起承擔壓力、處理現場。他們了解過程的複雜與變動，因此給的建議務實且關鍵。

經營策略：共同參與小規模專案、建立共享任務的經驗基底。

2. 在你低潮時不離場的人（Emotional Anchors）

他們或許不是合作夥伴，但在你最不光彩的時候依然選擇站在你身旁，給你一點點「我還看好你」的信號。

經營策略：將他們視為信任原點，不需強求回報，但要讓他們知道你記得。

3. 願意持續理解你改變的人（Growth Companions）

這些人不只接受你成功時的樣貌，也願意理解你轉型、犯錯、試探的不同版本。這是最珍貴也最稀缺的關係形態。

經營策略：定期更新近況，主動說出「我最近的變化與掙扎」，拉近彼此心境。

重建信任網絡後，他如何重新啟動人脈策略？

一年後，元昊重新出發，不再追求規模，而是聚焦小型共創場域。這一次，他採取新的行動原則：

- 每一位合作人，都要先一起處理過一個現場問題；
- 不以影響力或職銜作為人脈判斷標準，而以實際互動為基礎；
- 每季整理一次「信任雷達圖」，標記哪些人正朝向深耕型發展，哪些人只是偶爾出現的表面連結。

這些策略，讓他從「被圍觀的創業明星」變成「被信任的夥伴型行動者」。

■ 第九章　精準經營的人脈判讀術

信任判讀力，是你人脈經營的防火牆與加速器

這個故事告訴我們：

- 信任不是來自語言，而是歷經共時、共苦、共創的累積。
- 高價值人脈的標準，是他是否能在你不被看見時，還選擇相信你。
- 長期合作的起點，不是認識多久，而是是否經歷過一起解決問題的瞬間。

誰能陪你走得遠，
就看當你走得慢時，他是否還會等你

「走遠」的關係不是華麗的開場，而是穩定的默契、適時的補位、真實的陪伴。

從今天起，請問自己：

- 誰是在我沒價值時還選擇站在我身邊的人？
- 哪段關係是在我沉默時，還願意主動關心的？
- 我是否也願意成為別人的那個「看見者」？

看見別人的真實，也允許自己被看見，是你與高價值人脈建立真正連結的第一步。

第十章
夥伴式關係的經營關鍵

■ 第十章　夥伴式關係的經營關鍵

第一節　從「交朋友」到「結盟者」的心理轉換

「朋友陪你喝酒，結盟者陪你打仗。」

——基斯・法拉奇（Keith Ferrazzi）

不只是友善關係，更是共同作戰的心態轉變

在成長與合作的路上，我們會遇見很多人。有些人成為好友，有些人成為同事，但**真正能為我們打開新局、突破瓶頸的人，是那些能成為『結盟者』的人。**

「交朋友」強調的是情感連結與關係維持，而「結盟者」則是在互信的基礎上，願意與你一起承擔風險、共同前進、創造價值。

這不只是人際模式的變化，更是心理狀態與價值觀的重大轉換。

本節將帶你深入理解：

- 為什麼「結盟者思維」是現代關係策略的升級模式？
- 從交朋友到結盟者的心理落差與調整關鍵；
- 如何啟動一段「非情感依賴」而是「共同成長」的夥伴關係？

第一節　從「交朋友」到「結盟者」的心理轉換

交朋友 vs. 結盟者：
一張對照表看出關係本質差異

項目	交朋友	結盟者
關係目的	情感陪伴、互相認同	共同目標、互利共創
關係驅動	親近感、話題相投	任務導向、信任承擔
經營模式	靠感覺、靠默契	靠溝通、靠策略
成功條件	合得來、有情誼	願意一起做事、敢面對分歧
解散方式	漸行漸遠	任務結束或策略轉型

簡單來說，朋友在乎你這個人，結盟者在乎你和他能創造什麼世界。

為什麼你需要結盟者而不只是朋友？

1. 朋友能給你情緒支持，但結盟者能幫你突破關卡

當你創業、轉職、進入未知領域時，你需要的不只是聽你訴苦的人，而是一起**規劃、思辨、解法、互補行動**的夥伴。

例子：你說想辦一場論壇，朋友說「加油喔」；結盟者則說「我來幫你找場地與主持人，我們一起搞。」

■第十章　夥伴式關係的經營關鍵

2. 朋友在情緒高點時出現，結盟者在任務困難時站穩

結盟關係更具延展性、韌性與行動力，它的價值是在於**是否能陪你撐過挑戰與撞牆期。**

你不需要很多結盟者，但只要有三五位就足以翻轉你的人脈品質與執行動能。

3. 朋友是關係起點，結盟者是價值轉化的加速器

在現代社群經濟與跨域共創氛圍下，**最有影響力的關係，不是經常見面，而是能一起創造被他人看見的成果。**

如何從朋友關係進化為結盟者關係？

這個過程不是自然產生的，而是需要刻意經營與心理調適。

第一步：把關係焦點從「我喜不喜歡這個人」轉向「我們能不能一起創造什麼？」

當你重新定義一段關係的意圖，你的期待與互動方式也會改變。

這是從「關係主義」轉向「價值共創主義」的開始。

第二步：主動提出小規模的合作邀請

別一開始就談大計畫。從小而清楚的任務開始，如：

- 共寫一篇文章；
- 一起設計一場工作坊；
- 協助對方某個短期任務的部分流程。

這會建立彼此的信任工作記憶,也會讓你了解對方的風格與節奏是否合拍。

第三步:展現合作中的成熟態度與承諾意識

想要結盟,請先讓對方知道:

- 你會照顧細節、不拖累他;
- 出錯你會承擔,成功你會分享;
- 分歧你能談,合作你有紀律。

這樣,對方才會放心將「一起做事」的門打開。

臺灣觀察實例:從校園友誼到跨域結盟的成長蛻變

周敬庭(化名)與張筱雅在大學就是朋友,畢業後各自進入不同產業,三年內幾乎沒聯絡。某天敬庭在思考如何推動偏鄉科技教育,他想起筱雅現在是某科技公司的 CSR 專案經理。

他不是傳訊說「最近好嗎」,而是寄了一封信:

「我知道你現在負責 ESG 專案,我正在設計一套偏鄉數位素養課程,有個實驗性提案,想問你能否給我一些建議?如果適合,也想看看是否有共同推動的可能性。」

這封信打開了一段新的關係路線。他們開始共寫提案、設計課綱、拜訪學校,一年後正式成立一個跨域社會企業,並共同成為公司聯合創辦人。

■第十章　夥伴式關係的經營關鍵

敬庭說：

「我們不是在維持友情，而是進化出一種價值型信任。我知道她在某些場合會為我扛責，她也知道我會為她承接任務。我們已經不是朋友，是彼此的成就共同體。」

建立結盟者網絡的四個實作建議

1. 為你的價值主張與未來路線發出清楚訊號

若你希望他人與你結盟，請讓對方知道你在做什麼、相信什麼、想前往哪裡。

實作方式：用個人品牌內容、共創說帖、提案架構，來展現你的方向與合作想像。

2. 設計進場門檻與合作試煉

好的結盟者不是隨便就來，而是透過一次次小任務建立信任。

實作方式：邀請對方先參與一小段計畫、一次任務、一次主題對談，觀察配合度與責任感。

3. 建立共識會議或信任對話機制

關係的穩定來自對話，而不是默契。

實作方式：每月一次深度對話，談理念、調節分工、更新進度，避免誤解與期待落差。

4. 不怕退出與重整

結盟不是終身制。有時候價值觀轉變、節奏不同、階段結束，也要勇敢結束關係。

實作方式：設計結盟結案制度，包含反思報告、資源移轉、未來互助格式，讓關係有體面退場機會，也保留再連結可能。

朋友可以陪你聊天，但結盟者能陪你創業、共事、撐場

人生不是一場表演秀，而是一場長期戰役。你需要的，不只是觀眾，而是**願意與你一起打仗、一起補位、一起站上臺面的人**。

「**從朋友到結盟者，是將情感轉化為行動，把陪伴升級為共同創造。**」

從今天起，請問自己：

- 哪些朋友，其實具備結盟潛力？
- 我是否已清楚傳遞自己的價值與合作意圖？
- 我是否準備好，成為別人的結盟者？

當你從交朋友的模式，進入結盟者思維，你的人脈將不再是陪你走一段路的人，而是**與你一起開路的人**。

■ 第十章　夥伴式關係的經營關鍵

第二節　合作關係的責任分擔與價值對齊

「沒有責任感的合作，只會成為一場彼此誤會的災難；沒有價值對齊的合作，更容易走向分崩離析。」

―― 派屈克・蘭奇歐尼（Patrick Lencioni）

合作不是大家一起做事，而是彼此知道「為什麼做、怎麼做、做到哪裡為止」

現代合作環境日益複雜，無論是跨部門專案、小型創業團隊、非營利共創行動，合作早已不再是「分工合作」四個字能概括的事。

合作的本質，是一種信任系統與責任共識的建立。缺乏責任分工的合作，會使人逃避與模糊；缺乏價值對齊的關係，則容易導致「方向一致但走法衝突」。

本節我們將深入探討：

■　成功合作背後的三大責任機制；
■　如何建立價值對齊的共識文化；
■　臺灣跨域共創案例中，如何避免合作陷阱、轉化為長期夥伴關係。

合作關係的三大責任機制

合作成功的前提不是多熱情、多會做事,而是責任感的具體化與角色的清晰化。我們可從以下三個層次建立合作基礎:

1. 責任角色明確 (Who does what)

在合作初期,應明確定義:

- 誰負責什麼模組?
- 決策節點在哪裡?
- 有沒有主導者與回報者制度?

工具建議:使用 RACI 矩陣 (Responsible, Accountable, Consulted, Informed) 標記各階段負責者與回報人。

2. 承諾節奏具體 (When and how)

不只是分工,更要定義「時間節奏」與「交付格式」,避免出現「大家都在做,但沒人知道做到哪」的情況。

工具建議:協定專案排程與定期回顧會議,並建構「進度視覺化表」,如 Trello、Notion 或甘特圖。

3. 責任承擔機制 (What if it goes wrong)

合作難免出錯,問題不在於有沒有錯,而是有沒有釐清責任界線與修復機制。

■ 第十章　夥伴式關係的經營關鍵

實作建議：

設計「錯誤對話模板」：若出錯，該如何反應、怎麼回報、如何修補？

建立「問題即刻協調日」，不等到開會才說，而是隨時可討論。

價值對齊：讓彼此的行動，建立在共同信念上

就算責任清楚，若價值觀不同，合作也難以走遠。

價值對齊不是理念一致，而是「理解彼此在乎什麼」

三個核心價值對齊指標：

- **任務優先 vs. 關係優先**：有些人重視效率、有些人重視感受，合作前必須知道誰怎麼看。
- **執行速度 vs. 品質要求**：有人追求快，有人追求精細，必須先協調完成標準。
- **公開透明 vs. 謹慎保守**：資料共享、進度回報、公開討論的界線在哪？事先講好。

建議實作工具：價值雷達圖

讓每位夥伴在合作前針對上述指標，標記自己的偏好，再進行開放討論與共識定錨。

臺灣觀察案例：社會設計實驗團隊「共生市集」的合作經驗

「共生市集」是一個由三位年輕人發起的週末行動市集，主打永續品牌與在地農產合作。他們在成立第一年就吸引大量攤商與參與者，然而第二年起問題頻傳——

- 負責營運的佳慧希望流程標準化，但負責品牌設計的冠文傾向彈性發揮；
- 合作初期彼此信任，但隨著壓力升高與認知落差，開始有爭執與冷戰；
- 明明大家都說「我們是好朋友」，但最後卻逐漸走向拆夥邊緣。

直到一次內部工作坊中，他們被邀請繪製「責任圈圖」與「價值觀雷達圖」，才發現：

- 冠文希望市集保有手感與實驗性，視它為生活態度；
- 佳慧則認為市集應成為穩定經營的社會企業；
- 第三位成員則想走向教育推廣、非營利社群運作。

他們經歷三次深度對話，最終調整合作模式：

- 將市集主體註冊為合作社，由佳慧主導營運；
- 冠文成立獨立創意品牌，與市集維持合作關係但不參與管理；
- 第三位成員轉任市集學習推廣計畫主持人。

第十章　夥伴式關係的經營關鍵

他們沒有再「一起做所有事」,但反而建立了**更清晰且持續共振的結盟型夥伴關係**。

責任分擔與價值對齊的三段式對話法

若你希望讓合作更穩定,建議進行以下三段對話:

1. 任務型對話:我們各自負責什麼?

清楚說出職責範圍、交付節奏與可支援點。

2. 情境型對話:若出狀況,我們怎麼面對?

討論錯誤容忍度、修補機制與責任區分。

3. 信念型對話:這件事對我們各自代表什麼意義?

讓彼此說出:「我為什麼做這件事」、「我最在乎的是什麼」、「我最不能接受的是什麼」。

這三段對話不必一口氣完成,但應在合作初期一個月內逐步展開,否則很容易產生誤解、疲憊與失望。

合作不是把人湊在一起,而是讓彼此成為願意一起撐的人

責任感,不是壓力,而是彼此承諾的一種信任;

價值對齊,不是完全一樣,而是願意了解彼此在乎什麼。

第二節 合作關係的責任分擔與價值對齊

「真正成功的合作,是彼此知道對方為什麼來,也願意接住對方的方式。」

從今天起,請問自己:

- 我的合作夥伴是否知道我最在意什麼?
- 我是否知道他們在什麼狀況下會覺得受傷或被誤解?
- 我們是否設計了合作的責任架構與價值對齊儀式?

當責任被照見,信任才能生根;當價值被對話,關係才能走得遠。

■ 第十章　夥伴式關係的經營關鍵

第三節　建立互利關係的界線與承諾設計

「真正的互利，不是不求回報，而是界線清晰下的自由承諾。」

—— 亞當・格蘭特（Adam Grant）

關係中的模糊，常是信任耗損的開始

在合作關係中，我們往往因為不願「傷感情」、不想「太計較」，而忽略設立清楚的界線。結果是：有人默默做更多、有人無心踩雷、有人感到被占便宜、有人心生退意。

事實上，**界線與承諾的設計，並不是疏遠人**，而是為了讓信任可以長久流動。

本節，我們將拆解：

■　什麼是健康的互利關係模型；
■　如何設計「不委屈、不模糊、不對不起自己」的合作界線；
■　如何用承諾機制讓彼此的付出成為良性循環，而非情緒債務。

互利關係三大錯誤迷思

迷思一：「只要是朋友，就不用計較」

許多合作夥伴因為交情深厚，選擇不寫契約、不談報酬、不明定角色。結果一出事，反而更傷感情。

正解：越是熟悉的人，越需要用明確的協議保護彼此的信任。

迷思二：「不談報酬比較有格調」

部分人認為談錢傷感情，談回報太勢利。事實上，不明講清楚的結果，只會造成不對等與誤解。

正解：互利，不是金錢交換，而是價值對價與角色對等。

迷思三：「我多給一點沒關係」

初期的過度付出看似寬容，其實是在**默默累積不對等的壓力與心理債務**，久而久之必然導致情緒爆發或信任失衡。

建立互利關係的四層界線設計

1. 角色界線：我們各自負責哪些事？

不要模糊分工，否則所有責任都會傾向落在願意承擔者身上。

建議實作：建立「任務清單」並標註執行者與截止日期。

■第十章　夥伴式關係的經營關鍵

2. 資源界線：我們各自投入哪些資源？限度為何？

　　這包括金錢、時間、人力、場地、工具等，每一項都該清楚列出，不預設對方會「自己懂」。

　　建議實作：合作前雙方書面列出各自可提供與不可承諾的資源條件。

3. 情緒界線：我們的互動邊界與尊重規則是什麼？

　　常見情緒界線破壞有：「半夜傳訊緊急需求」、「責怪對方失誤」、「將私情帶入工作回應」等。

　　建議實作：設計情緒約定，例如「非工作日不回訊息」、「錯誤事件回報採三層反思模式」、「不同意見不得批評人格」。

4. 成果界線：專案完成後，如何分配產出與利益？

　　包括共同署名、內容歸屬、利益分享比例、未來延伸使用權。這些都是最常出現爭議的區塊。

　　建議實作：簽署簡易合作協議，清楚標明成果與權利邊界。

承諾機制：從「不明期待」到「有感履行」

　　設定界線後，還需要讓合作夥伴「知道你會做到什麼」，這就是承諾。

三種承諾設計機制：

A. 時間承諾：你什麼時候會完成？

　　不只說「我會做」，而是說「我會在星期三上午 11 點前寄給你初稿」。這會讓對方安心，也讓你自己負責。

B. 行動承諾：你會做到什麼程度？

例如「我不只幫你寫內容，我還會幫你排版、上傳、優化 SEO」。

行動承諾的清楚定義，能有效減少「我以為你只會幫忙一點」的模糊地帶。

C. 回報承諾：這段合作後我會怎麼感謝與回饋你？

可以是金錢、推薦、轉介、內容合作、社群曝光等形式。記得：**承諾回報不是義務，是對信任的禮貌回應。**

臺灣真實觀察案例：Podcast 聯盟的界線重建經驗

2022 年，臺灣某 Podcast 內容創作聯盟由四個中型節目主理人發起，一開始以「共享資源、不設限合作」為精神，然而短短半年內產生下列問題：

- 有人常拿其他人準備的資料直接用在自己節目；
- 有人請對方宣傳聯合直播卻從未回推；
- 有人開始接到品牌合作，但不願公開分潤算法。

最後，其中兩人退出聯盟。

主理人之一的葉如萱（化名）在退出後寫道：

「我們都以為是朋友，所以都沒談清楚。結果發現我們的價值觀與承諾邏輯完全不同。最傷人的不是不幫忙，而是你一直以為對方會做到，但他根本沒想過要做。」

■第十章　夥伴式關係的經營關鍵

她後來與另一位夥伴重啟合作，這次設立了：

- 每季一次協議更新；
- 合作清單表格標示內容權屬與合作層級；
- 設計承諾信函與履約回顧制度。

合作一年後，她們持續穩定運作，甚至開設了實體課程。她說：

「我們不是合作變熟，而是因為界線清楚，信任才能熟。」

清楚的界線，是關係得以永續的根本

不是所有互動都要變成交易，但**每一段關係都應該有邊界、有共識、有尊重。**

「真正的互利，不是誰占了便宜，而是雙方都能走得安心。」

從今天開始，請問自己：

- 我是否清楚讓對方知道我能做多少、不能做什麼？
- 對方是否知道我需要什麼回應與尊重？
- 我們的合作，有設立明確的成果與資源歸屬嗎？

當界線清晰，信任就會穩定；當承諾可見，關係就能長久。

第四節　沉浸式故事理論解說：夥伴關係的真正長相

「夥伴關係的本質，不是利益交換，而是一起承擔責任、共同成長、相互守信。」

—— 派屈克・蘭奇歐尼（Patrick Lencioni）

真正的夥伴，不會在風平浪靜時才出現

我們都曾在生命中遇過這樣的人 —— 在你順風順水時讚聲，在你跌入谷底時失聯；也曾遇過另一種人 —— 平時話不多，但當你最需要有人補位、承擔、接手時，他第一個站出來。

夥伴關係，不是「合作過」就算，也不是「很熟」就能成立；它是一種經過壓力測試後，仍能保持信任、節奏與目標對齊的真實關係。

本節，我們透過一則沉浸式敘事故事，揭示何謂**夥伴關係的真正長相**，結合前三節的理論 ——從「交朋友到結盟者」的轉換、合作中的責任與價值對齊、互利關係的界線設計 —— 呈現一段在真實壓力中淬鍊出的夥伴關係樣貌。

沈靖儀與林睿喬，一場走了四年的合作長跑

沈靖儀原本是文化基金會的行銷企劃，三十歲那年決定辭職創業，推動「青芽集」—— 一個以城市空間為載體的地方創生共學品牌。她不

■第十章　夥伴式關係的經營關鍵

是設計背景，也不擅專案管理，只憑一股信念與寫作力，開始規劃她的第一場空間改造工作坊。

而她第一個合作對象，就是建築師林睿喬 —— 一位當時在設計事務所擔任專案副理、工作忙到不可開交的人。

他們只見過一次面，是在一場設計講座後，靖儀主動遞了張手寫卡片，上面寫著：

「如果你願意幫一群沒錢、沒場地、只有夢想的人設計一次空間，我保證會讓這次變成一段被記得的旅程。」

睿喬回了她一句話：「我不保證成品會完美，但我願意一起試。」

第一回挑戰：初次共事的摩擦與認知差異

第一場工作坊選在一間幾近廢棄的公寓，預算只有三萬元，連基本粉刷材料都不夠。靖儀全程負責對外溝通、社群曝光、活動策劃，而睿喬則要同時處理設計、結構安全、現場施工協調。

兩人第一次爆發爭執，是因為「進度與標準」。

靖儀在沒有告知睿喬的情況下，提前釋出空間改造初步效果圖，導致外界期待暴漲，而實際施工根本來不及完成。睿喬在工地上當場對她說：

「如果妳要繼續做品牌，不先顧基本品質，我不會再參與第二場。」

這句話讓靖儀在廁所裡哭了半小時。她原本以為「大家是為理想而來」，沒想到還是得面對「細節與責任」。

但她也因此學會第一個關鍵：

真正的夥伴，不會對你永遠客氣，而是會在該嚴肅的地方提醒你現實。

她隔天親自為睿喬寫了道歉信，並主動提出修正計畫，將剩下預算優先配置在施工安全、延後活動開場、親自回應社群錯誤期待。

睿喬回她一句：「妳願意補這一刀，我就還會陪妳撐下去。」

第二回合作：責任共擔，信任才得以繁殖

隔年，兩人再次合作第二場「街角共學場計畫」。這次他們開了一場開門見山的會議，針對以下三件事做出約定：

- **分工書面化**：誰負責場勘、誰回應社群、誰管理預算；
- **共識確認機制**：重大決策須雙方各自回報確認，不得臆測；
- **成果共享方式**：產出內容著作權歸雙方所有，後續延伸使用需互相知會。

他們還設計一份稱為「夥伴信任卡」的文件，每人寫下自己：

- 最害怕這次合作出現什麼狀況；
- 最希望對方如何支持自己；
- 最不能接受的行為是什麼。

靖儀寫：「我怕我行銷得太快，你還來不及完成。」

睿喬寫：「我怕你怕我會走人，所以不敢講真話。」

■第十章　夥伴式關係的經營關鍵

他們約定每兩週一場「信任對話」，內容不是進度更新，而是「檢查我們是不是還在同一個節奏裡。」

這場計畫成了臺灣設計年會當年度最佳社區參與案，吸引超過一千人次參與，甚至獲得第三方出資邀請他們進行下階段專案。

第三年關鍵時刻：走入分歧也能和平轉身

隨著第三場計畫啟動，睿喬明顯減少參與。靖儀發現他常常未讀未回，進度也推不動。

她鼓起勇氣開啟一場深度對話，睿喬坦承：

「我最近有機會被調派到海外工作，若答應了，會無法再合作。」

靖儀沉默半分鐘後說：

「你能願意提前告訴我，我其實就已經很感謝了。」

他們共同協議：

- 將合作責任逐步交接給一位新建築夥伴；
- 撰寫一封「結盟期回顧信」，由雙方共同發表於社群；
- 承諾未來若有需要再度合作，先釐清新狀態再重新設定期待。

四年的結語：一段夥伴關係，走過三件事才算穩固

靖儀後來在一次工作坊中分享：

「我們常以為關係最需要的是默契，但我後來發現，真正穩固的夥伴，是能一起走過以下三件事的人——

第一，一起錯過；

第二，一起扛責；

第三，一起轉身但不撕裂。

有這三次經歷的人，才是真正能一起創業、共事、守信的人。」

夥伴關係，不是做對的多，而是錯了還願意修

這個沉浸式故事讓我們看到：

- 合作初期可能熱血，但沒有責任共識與信任對話，就無法長久；
- 每一次對齊節奏、補位行動與主動承認錯誤，都是信任的加分；
- 不是每段合作都會走到最後，但只要曾誠實合作、體面轉身，那段關係依舊會成為你信任資產的一部分。

「真正的夥伴關係，是互信、有界線、能溝通、敢面對分歧，願意共同成長，也願意放彼此自由。」

從今天起，請問自己：

■第十章　夥伴式關係的經營關鍵

- 我現在身邊有這樣的夥伴嗎？
- 我是否設計了可以讓對方安心承諾的合作結構？
- 我是否也是別人眼中的值得信任的結盟者？

第十一章
信任複利的網絡效應

第十一章　信任複利的網絡效應

第一節　讓信任成為關係放大的引擎

「信任是關係的貨幣，越流通越有價值，越囤積越貶值。」

── 史蒂芬・柯維（Stephen M. R. Covey）

信任不是稀有品，而是可以設計與放大的關係動力

在高速變動、資訊過載、關係碎片化的時代，「信任」不再是一種靠時間慢慢累積的情感，而是**一種可以主動設計、策略放大、加速擴散的關係引擎**。

你可能遇過這樣的狀況：

- 一個人幫你介紹了一位新朋友，對方立刻對你產生高度認可；
- 你只是寫了一封誠懇的合作信，對方便願意給你難得的資源；
- 一場對談後，彼此就像老朋友般互動，彼此毫不設防。

這些都不是偶然，而是你進入了高信任流通狀態（High-Trust Flow）的場域。

本節我們將探討：

- 信任的運作邏輯與四種層次；
- 如何有意識地設計「信任的加速通道」；
- 如何讓信任產生擴大效應，成為你人脈資本的放大器。

信任的四個層次：從個人感覺到社群共識

信任不是單一情感，而是一個**關係結構中逐步深化的歷程**。我們可將其分為四個層次：

1. 直覺信任 (Intuitive Trust)

對方剛認識你，但因為語言、氛圍、介紹者或環境的影響，產生初步好感與信賴。

關鍵因素：形象設計、品牌敘事、第一印象語言。

2. 行為信任 (Behavioral Trust)

你在小互動中展現負責任的態度與回應，對方覺得你「值得再繼續互動」。

關鍵因素：準時、準確、承諾可見。

3. 預期信任 (Predictive Trust)

對方可以預測你的行為風格與價值判斷，即使沒交談，也知道你「大概會怎麼做」。

關鍵因素：一致性、長期輸出、價值立場清晰。

4. 轉介信任 (Transferred Trust)

別人願意把他信任的人介紹給你，讓你在尚未建立直接關係前，就被「預先信任」。

關鍵因素：第三方信任背書、轉介節點設計。

這四個層次可累進、可重疊。你需要策略性地設計你的個人與社群互動方式，使信任在這四個層次中**持續累積與向外擴散**。

■第十一章　信任複利的網絡效應

信任設計術：主動打造你的信任引擎

以下是三個關鍵信任設計策略，能有效強化你在人脈關係中的信任感知力：

策略一：打造「可信任的第一印象語言」

在陌生人初次接觸你的那幾分鐘內，決定的是直覺信任層級。

實作技巧：

- 使用清楚的自我介紹語言（包含「我是誰、我為誰而做、我相信什麼」）；
- 盡量避免誇大與空泛語言，如「很熱情」、「很有誠意」，改用具體成果或經歷來描述；
- 避免過度推銷，創造「對等交流」感覺。

策略二：設計「信任循環動作」（Trust Loop）

建立小型可驗證的信任行動，例如：

- 每次合作前明確列出可承諾項目與時間點；
- 合作後主動提供回顧、紀錄與資料彙整；
- 在不需回報的地方主動給予微小幫助，建立「正信任歷史」。

信任循環就是「我答應了→我做到→你確認→下次你願意更多交付」，如此反覆，即成強韌信任線。

策略三：啟動轉介信任的場域節點

如果你能讓信任由他人「替你說出來」，那信任的放大效應將指數成長。

操作方式：

- 設計「三方對話場」：你介紹 A 給 B，並參與初次交流，做信任橋梁；
- 每次合作後主動詢問：「如果你認為這次合作順利，是否願意推薦我給你認識的某人？」

你不是為了得到資源而轉介，而是讓信任的「社群價值」進入複利迴路。

臺灣實務案例觀察：一位社會創業者的信任放大設計

李正翔（化名）為一位推動偏鄉教育資源的社會企業創辦人。他在創業前三年，每場演講與工作坊結束後，都會做一件事：

- 手寫感謝信給場地主辦；
- 整理一份簡報與活動成果摘要，附上下一步行動計畫；
- 問一句：「這次合作如果你覺得不錯，有沒有一位你願意推薦我認識的人？」

三年下來，他累積了超過 200 位實質轉介紹對象，並被政府部門與多個教育基金會主動邀請合作。

第十一章　信任複利的網絡效應

他說：

「我沒有很厲害的人脈背景，也不懂社交技巧，但我知道：只要每一次都守住信任的細節，下一次合作就會自己來。」

他設計的不是關係策略，而是**信任策略**。這樣的策略讓他成為臺灣地方教育影響力圈中極具聲響的連結節點。

在關係的世界裡，信任是唯一能帶來長期複利的資產

「你不是靠人脈成功，而是靠被信任而得以被擴大。」

從今天開始，請問自己：

- 我目前的人際關係中，有幾段是建立在真正可預期信任之上的？
- 我是否設計了可以產生轉介信任的行為與語言？
- 我是否有一套屬於自己的信任引擎：從初識到行動再到轉介的完整流程？

當你有意識地經營信任，而非僅是關係，你的人脈將不再只是列表上的名字，而是**一張真正可運作、可放大的信任網絡**。

第二節　信任破口的形成與修復策略

「信任的崩塌，不是因為大事，而是那些你以為沒人在意的小事。」

—— 布琳・布朗（Brené Brown）

再深的信任，也禁不起一次失衡的裂痕

人際關係中最微妙的元素就是信任，而信任的本質，就像一面玻璃窗，看似堅固透明，但一旦裂痕出現，再怎麼修補都會留下痕跡。

很多人誤以為信任破裂來自重大背叛或衝突，事實上，**真正讓關係毀損的，往往是忽略、誤解、失約與不對等的細節。**

本節我們將探討：

- 信任破口的常見形成機制；
- 如何辨識關係中的「微裂痕」信號；
- 建構一套有效的信任修復流程，讓關係不因一次傷害而走向終局。

信任破口的五大形成機制

1. 失約未說明（Unacknowledged Failure）

不是失敗本身造成信任問題，而是**你沒有主動回應失敗**。人們在意的，往往不是你做錯了什麼，而是你是否願意承認、說明與修補。

第十一章　信任複利的網絡效應

常見情境：

- 遲交而不說明；
- 承諾未履行卻裝沒事；
- 發生問題只用「太忙」帶過。

2. 界線模糊（Blurry Boundaries）

當雙方對責任、角色或情緒表達界線沒有共識，很容易產生落差與誤解。

常見情境：

- 對方以朋友名義要求工作幫忙；
- 你以為只是合作，對方認為你該情義相挺；
- 私人情緒滲入專案決策，導致彼此猜忌。

3. 失衡互動（Unreciprocated Exchange）

當一方長期付出，卻感受不到等值的回應，會產生**心理債務堆積與信任枯竭**。

常見情境：

- 你幫他宣傳，他卻不幫你轉發；
- 你提供意見，他卻從不給你建設性回饋；
- 你主動聯絡，他只在需要時才出現。

4. 暗地否定（Backchannel Disloyalty）

真正傷人的不是批評，而是**在背後否定你，表面卻裝沒事**。

常見情境：

- 明面說支持你，背後卻說你做得不專業；
- 你未參與的會議中被質疑，但他未幫你澄清；
- 利益對立時轉向他方，卻未主動說明。

5. 關係預設（Entitled Assumption）

有些人會因為與你熟、合作過或曾幫你，就認為你**理應**怎樣怎樣，而當你不照他的期待行動時，他便覺得你「變了」、「不可靠」。

常見情境：

- 「我們不是夥伴嗎？你怎麼沒先問我？」
- 「你當初說過要支持我，現在怎麼不幫我宣傳？」
- 「你以前都會幫忙，這次怎麼說沒空？」

這些行為會讓人感到壓力、情緒勒索，進而開始疏遠。

如何辨識信任裂痕？五種微訊號

- 對方回訊時間明顯拉長或語氣轉為制式；
- 你開始「預測」對方會否回應，而不再主動；
- 討論內容從共創轉向只談交辦；

■ 第十一章　信任複利的網絡效應

- 對方開始跳過你，直接與其他人聯絡；
- 有關鍵決策對方不再主動告知你。

這些都是關係進入信任警戒區的警訊。

信任修復三部曲：承認、回應、重建

第一步：承認並命名傷口（Acknowledge）

面對破口，不要解釋、辯解或冷處理，而是誠實說出：「我覺得我們之間有些信任緊張，我想談談。」

語句範例：

「我知道我上次晚交資料沒有提早告知，這點我真的處理得不好。」

「我發現我們最近互動變少了，我在想是否我哪裡做得不對？」

這一步不是要對方立刻原諒你，而是讓關係從逃避回到對話。

第二步：提出補償與具體回應（Respond）

不是空泛的「對不起」，而是提出**具體補救與新規則建議**。

行動範例：

「我會補上完整文件，並附加流程紀錄，讓你清楚整體脈絡。」

「我想設一個共識會議，讓我們重新釐清彼此期待與界線。」

第三步：設計信任重建週期（Rebuild）

修復後不是立刻恢復如初，而是經歷一段「逐步回溫」歷程。

實作方式：

- 從小任務、小對話、小承諾重新建立信任歷史；
- 將合作期縮短，設定中途回顧點；
- 雙方同步訂定「未來怎麼回應錯誤」的處理程序。

臺灣觀察實例：新創夥伴的信任修復歷程

游柏君與顏筠婷原是共同經營教育平臺的創辦人，第一年配合默契極佳，第二年因為方向分歧，開始出現嚴重摩擦。

有次柏君未告知筠婷，私自與某基金會洽談計畫合作，筠婷從外部朋友處得知後感到極度失望。

她未正面對質，而是開始淡出群組、延遲回信。柏君感到異常，主動約出見面，坦白表示：

「我那時沒想清楚，就直接談了，回頭想起來，是我錯了。我希望我們有機會把信任補回來。」

他提出兩項補償行動：

- 提供完整對話紀錄並中止該案直到雙方同意；
- 提議每週設一次 10 分鐘透明同步會，避免未來再度誤解。

第十一章　信任複利的網絡效應

半年內,他們透過逐步共識重建,最終回到穩定合作,並將此經驗公開為「失誤修復與責任學習的工作坊」,成為其他創業者的學習案例。

你無法避免所有裂痕,但你可以練習修補的勇氣

信任不是完美,而是**在破口出現時,你願意回頭修、對方願意留下**的那份誠意與行動。

「願意回頭的人,才有資格走得遠。」

從今天開始,請問自己:

- 我在人際互動中,是否留下了尚未處理的信任破口?
- 我是否有勇氣主動承認與修補,而非逃避與等待?
- 我是否也能給別人一次修復的機會?

信任不是不能犯錯,而是犯錯之後你選擇怎麼做。

第三節　設計信任轉移的網絡節點

「在一個充滿不確定性的世界，信任不是建立在你說了什麼，而是別人為你說了什麼。」

—— 馬爾科姆・葛拉德威爾（Malcolm Gladwell）

不是每個人都要自己去認識，但你需要有人願意幫你介紹

在人脈經營的世界裡，我們常聽到「要主動拓展」、「要走出去」、「要建立影響力」，但有一種更有效率、更具延展力的方式叫做 —— **信任轉移**。

所謂信任轉移（Trust Transfer），就是你不必花大量時間重建信任，而是透過某位「可信任的人」為你背書、引薦、合作，讓對方因為信任那個人，而選擇信任你。

這樣的信任不是空氣產生，而是透過一個精心設計的「轉介節點」網絡，讓信任**從點流入線，再擴散成面**。

本節將帶你了解：

■　什麼是高效能的信任轉移節點；
■　如何打造自己的信任節點網絡；
■　信任轉移時的語言設計與轉介流程原則。

■ 第十一章　信任複利的網絡效應

什麼是信任轉移節點？三種類型最關鍵

我們定義信任轉移節點（Trust Node）為：「**能將他人對你的信任擴散到新對象的人**」。這些人有三種主要類型：

1. 關係橋梁型（Connector）

這類人擁有跨圈層的社交網絡，且**樂於牽線、喜歡搭橋**，本身即為人信賴。

特徵：

- 常參與不同領域社群；
- 言語中常出現「我幫你介紹一個人」；
- 擁有既不強勢卻極高公信力的社群角色。

例子：

- 社群主持人；
- 專案經理；
- 各類組織的中介者（如創投經理人、社區主編）。

2. 知識權威型（Mentor）

這些人因專業地位、知識輸出而被高度信任，他們的推薦能迅速提高你在他人心中的認可度。

特徵：

- 擅長輸出內容；

- 影響力建立在專業而非人氣；
- 其評價具有「信任加權」效果。

例子：

- 教授、講師、作家；
- 業界意見領袖（KOL）；
- 資深顧問。

3. 情感共鳴型（Champion）

這些人不一定有高度社會影響力，但**他們真心喜歡你、相信你、願意為你說話**。

特徵：

- 願意主動為你說話；
- 在關鍵場合勇於表態；
- 具備口碑效應，即便圈層不大也有影響。

例子：

- 長期合作者；
- 老客戶或前夥伴；
- 互動頻繁的社群支持者。

第十一章　信任複利的網絡效應

打造信任轉移網絡的三步驟策略

步驟一：盤點你的潛在轉介節點資產

問自己：

- 哪些人曾主動幫我轉介紹過其他人？
- 誰願意在我不在場時，還能為我背書？
- 哪些人雖然不常互動，但每次都給我正面評價？

將這些人列成清單，分為三類（橋梁型、權威型、共鳴型），開始規劃如何深化與啟動互動。

步驟二：讓他們知道你值得被信任

這一步至關重要。轉介不是義務，而是一種**社會風險**——對方要為你的行為負責，因此他必須先相信你有能力、品格與合作成熟度。

實作建議：

- 定期主動回報近況與成長；
- 分享已完成專案或他人合作回饋；
- 主動提供價值，讓他感受你仍在行動中。

這是一種「非請託式的信任維繫」。

步驟三：設計好轉介場景與語言腳本

不只是請對方「幫我介紹某人」，而是要具體描述為何、要怎麼說、**對雙方有何好處**。

轉介信範例語句：

「敬安，我最近與小林老師談了一個教育合作計畫，他說你在數位教材這塊有很多經驗，也對跨域很感興趣。如果你願意，我可以安排我們三個人共用一封介紹信，讓你們彼此認識看看？」

注意要點：

- 指明雙方可能的連結點；
- 保持非強迫式語氣；
- 對被介紹人先簡要說明對方特色。

這樣的信任轉移，會讓被引薦者產生「我是被用心介紹」的感覺，而非「被推銷」。

信任擴散不是偶然，而是設計出來的循環場域

在臺灣某跨領域女性創業社群「創力圈」中，成員之間的信任轉介設計非常成熟。他們設計了：

- **月度交叉訪談日**：讓不同成員互相理解彼此價值主張；
- **推薦池系統**：當有機會出現，成員可以推薦自己熟悉且信任的人；
- **轉介責任卡**：每次轉介皆需附上一段「為什麼我推薦他」的語句，並讓當事人知情。

這種制度設計不只是資訊流通，而是**讓信任可以被保存、放大、再分配**。

■第十一章　信任複利的網絡效應

你能走多遠，取決於有多少人願意替你說話

　　人脈不只是你認識誰，更關鍵的是：有多少人願意**把你介紹給他們信任的人**。

　　「**當別人願意替你轉介，他其實是用自己的信任在投資你。**」

　　從今天起，請問自己：

- 我的關係網中有哪些人可以成為信任節點？
- 我是否讓他們看見我值得被信任的證據？
- 我是否也願意成為別人的信任轉介者？

　　當你讓信任流通，你的人脈不只是你認識的範圍，而是**一張信任驅動的網絡地圖**，它會替你開啟你還沒走到的地方。

第四節　沉浸式故事理論解說：讓信任自動繁殖的人脈複利系統

「你種下的每一份信任，都會在你未來最需要的時候，以別人意想不到的方式開花結果。」

——瑞秋・博茲曼（Rachel Botsman）

信任不是等待出現，而是主動創造與流動的機制

在一個資訊擁擠、人際快速轉換的時代，「信任」已不再只是建立在一對一的熟悉關係之上，而是**被設計出來的結構性複利機制。**

這是一個從個人出發、擴散到圈層，最終成為一個能夠自我增生的人脈信任網絡的過程。

接下來的故事，是一場四年創業歷程中，如何從單點信任走到信任自動繁殖的社群網絡。主角是一位行銷策略師、一位社群設計者，以及一群願意在信任中共享風險與成果的夥伴。

策略師張立翔與「共學場」的誕生

張立翔是品牌行銷顧問，長年協助中小型創業者打造個人品牌與內容策略。2020 年疫情爆發時，他意識到許多創業者困在「沒有曝光管道」、「無法擴展關係」的困境中，於是他成立了一個線上交流計畫——「共學場」。

第十一章　信任複利的網絡效應

起初只是每週一次線上 Zoom 對話，主題圍繞「如何講清楚自己的價值」，每次約有十人參加，但每週都有一位成員會推薦新朋友進來。半年後，參與人數突破 100 人，甚至形成了第一次「自發式小組學習」的社群裂變。

他驚訝地發現：**不是我在找人，是有人願意替我找人。**

信任的轉折點：從我信你到他們都信你

有一次，一位從未合作過的女性創業者私訊張立翔，說她早就聽說過「共學場」的名字，因為她參加的三場活動裡，都有人主動提到那個社群。

這讓立翔開始意識到：「**信任已經進入自動轉介機制。**」

他進一步整理與觀察信任擴散的歷程後，歸納出三個關鍵條件：

- **信任累積的體驗要有可複製性** —— 讓別人能輕鬆理解你是誰、在做什麼、值得信任的地方是什麼。
- **進場節點要有社群節奏感** —— 讓新人被介紹時能感受到不是冷冰冰的自我介紹，而是自然融入的文化儀式。
- **信任要有可見紀錄與回報機制** —— 例如明確感謝、視覺化成效、二次合作邀請。

機制建構：從偶然信任到複利信任的策略設計

立翔與夥伴們開始設計更清晰的「信任自動繁殖系統」，以下是他們設計的三層架構：

第一層：信任輸入口（Trust Entry）

- 每位新加入者皆需由既有成員邀請；
- 設計一份「推薦信」，需附上推薦理由；
- 加入後需完成一份「自我介紹模版」與社群信任公約簽署。

這樣做的好處，是每一位進入者皆帶著**初階信任背書**，節省彼此磨合成本。

第二層：信任迴路構建（Trust Loop）

- 每週固定一次「互助對話日」，每人提供一次具體幫助；
- 鼓勵每個人記錄「我幫誰／誰幫我」的信任貢獻紀錄；
- 系統統計後會定期發布「信任值影響力榜單」，鼓勵透明與回饋。

這一層讓信任不只是感覺，而是**視覺化的行動歷史**。

第三層：信任外溢擴張（Trust Expansion）

- 每月舉辦「共學擴大場」，開放成員邀請外部好友；
- 被邀請者若表現出高度共鳴與行動力，將收到進階合作提案；
- 合作後若表現良好，可獲得成為「引介人」資格，進入下一輪信任轉移機制。

這一層的設計讓信任變成一個**可以傳承與外溢的資產系統**。

第十一章　信任複利的網絡效應

> 真正的人脈網絡，是能在你不在場時
> 仍願意行動的夥伴群

故事的最後，張立翔說了一句話：

「我不是建立一個品牌，我只是用信任做為基底，讓一群人找到彼此能共同成長的場域。後來發現，這才是真正有溫度、可複利的網絡。」

「**人脈的終極目標，不是擁有誰，而是讓彼此都變成可信的轉介節點，互相繁殖信任、交換資源、同步成長。**」

從今天起，請問自己：

- 我的關係網中，有哪些是「信任輸入口」？
- 我是否創造了「信任迴路」，讓他人可見我的信任行動？
- 我是否成為別人信任外溢的節點，讓信任不止停在我這裡？

讓信任變成一種會自己繁殖的關係結構，才是真正能跨越個體、跨越時間的長效人脈經營策略。

第十二章
建立你的人脈吸引場域

第十二章　建立你的人脈吸引場域

第一節　定位你的人脈核心價值主張

「你吸引來的，不是你想要的，而是你所展現出來的價值。」

—— 賽門・西奈克（Simon Sinek）

人際磁場不是天生，而是經營而成的價值體系

在我們追求人脈拓展的路上，常聽到一句話：「要主動認識人」、「多參加活動」、「增加曝光」。但如果我們沒有清楚的核心價值主張，那麼我們即使認識了一百個人，也可能沒有一個真正願意靠近你。

因為**人脈不是靠碰巧，而是靠你所釋放出的價值訊號，吸引來適合的對象**。

而這個訊號的源頭，正是你的人脈核心價值主張（Relational Value Proposition, RVP）。

本節將帶你深度剖析：

- 什麼是人脈核心價值主張，它和職涯價值主張有何不同；
- 如何清楚定位出屬於你的人脈吸引力；
- 實作出一套可以運作、擴散、共創的個人關係主張模型。

為什麼需要「人脈核心價值主張」?

很多人在建立個人品牌時，會釐清自己的「專業定位」、「市場價值」與「受眾目標」，但在面對人際關係時，卻常忽略思考：

- 「我希望吸引什麼樣的人靠近我？」
- 「我想被別人記得什麼？」
- 「當我不在場時，別人會怎麼介紹我？」

這就是人脈核心價值主張的範疇。

它不同於一般的商業價值主張，它不是在說你「提供什麼商品或服務」，而是在傳達：

- 你是怎樣的一個人；
- 你在什麼情境下能產生正面價值；
- 你和人建立連結的方式、信念與風格。

這不只是關係的定位，更是一種「長期吸引到對的人」的策略設計。

人脈價值主張的三大要素

1. 你代表什麼信念 (Belief)

每一段關係，都是價值觀的交換。你的信念，是別人選擇是否信任你的第一步。

第十二章　建立你的人脈吸引場域

問題引導：

- 我最無法接受什麼？
- 我堅持的合作原則是什麼？
- 我認為真正的關係應該建立在哪些基礎上？

例子：

- 我相信合作應該基於彼此誠實回饋；
- 我不相信人際操作，而是價值交付；
- 我希望打造一個沒有羞恥與比較的交流場。

這些信念越清楚，你吸引來的人就越適配。

2. 你擅長提供什麼（Contribution）

這是「你在關係中能給什麼」的部分，包括你的專業、風格、視野、連結能力等。

問題引導：

- 別人會在什麼時候想到我？
- 我能在哪些場合創造價值？
- 我做過哪些事，是被感謝的？

例子：

- 我擅長把混亂的想法轉換成清楚的故事；
- 我能幫陌生人快速進入信任狀態；

- 我經營社群活動，能替大家創造交集機會。

人脈價值的關鍵在於**你讓人想靠近時，知道會得到什麼**。

3. 你想跟誰共振（Audience）

不是所有人都要認同你，真正的吸引力來自**你選擇誰能與你產生共鳴**。

問題引導：

- 哪些人的價值觀與我相近？
- 我最不希望與什麼樣的人交往？
- 我希望我周圍的人是什麼特質？

例子：

- 我想和願意真實交流、不單純講究排場的人交朋友；
- 我喜歡那些會在行動中表現價值，而非光說不練的人；
- 我渴望與具備反思力、勇於修正的人合作。

設定共振對象，讓你不再「什麼人都好」，而是清楚「什麼人才是對的」。

建構屬於你的 RVP（Relational Value Proposition）模板

整合以上三項要素，我們可以透過以下句型，完成一份個人化的人脈核心價值主張：

■第十二章　建立你的人脈吸引場域

「我相信＿＿＿＿＿，我擅長在＿＿＿＿＿情境中，為＿＿＿＿＿這類特質的人，創造＿＿＿＿＿價值。」

範例一（自由工作者）：

「我相信合作關係應該是雙向支持，我擅長在品牌定位混亂時，幫助自僱者找出說故事的方法，為那些重視誠信與成長的人，創造可長期信任的工作夥伴關係。」

範例二（青年社群經營者）：

「我相信每一個人都值得被聽見，我擅長在多元意見中提煉共識，為那些渴望共創、但缺乏平臺的人，創造開放式對話的社群空間。」

實務演練：如何讓 RVP 成為你的人脈吸引器

把它放進你的個人簡介與自我介紹中

在 LinkedIn、個人網站、名片、講座開場白中，用簡短版本的 RVP 說明你是誰、為何值得靠近。

把它當作「合作邀請信」的開場基底

當你主動邀請他人合作，與其說「我很喜歡你」或「想跟你合作看看」，不如先說出你的人脈價值主張，建立信任起點。

用它篩選適合的交往對象

遇到可能的新關係時，先對照對方是否與你的價值觀相符，再考慮後續接觸與投入。

第一節　定位你的人脈核心價值主張

臺灣真實案例：個人品牌顧問的 RVP 演進歷程

顧庭甄（化名）是位個人品牌教練，早期她靠寫文章吸引客戶，但每次合作過後都發現對方期待過高、理念不合、信任不深。

她後來重新定位，寫下自己的 RVP：

「我相信品牌不是包裝，而是你行動的一致性。我擅長陪伴願意真誠反思的人，打造有溫度的品牌敘事，為那些厭倦行銷術語、渴望說真話的創業者，建立信任而非曝光。」

當她把這段話放入官網、簡報與合作說帖中，意外發現：來找她的人開始少了，但**成交率大幅提升**，合作過程也更加順暢與深刻。

越清楚你的人脈價值，你就越不會陷入錯的人脈循環

「真正強大的人脈網，不是建立在你能認識多少人，而是你能持續吸引到對的人。」

從今天起，請問自己：

- 我的關係是否反映了我想要成為什麼樣的人？
- 我是否讓他人清楚知道我在人際關係中能帶來什麼？
- 我的價值主張是否成為他人靠近我、信任我、願意與我共創的理由？

當你有意識地設計並表達你的 RVP，你的人脈不再雜亂，而是一張經過選擇、共鳴與互信打造的人際場域圖。

■第十二章　建立你的人脈吸引場域

第二節　將價值主張轉譯成社群語言與行動策略

「社群，不是你發了什麼貼文，而是你如何持續成為別人故事的一部分。」

—— 莎賓娜・波斯（Sabina Bose）

> 你不是在「說給所有人聽」，
> 而是「讓對的人感受到你」

在上一節，我們清楚釐清了個人的人脈核心價值主張（Relational Value Proposition, RVP），那是一套內在的信念與互動策略總和。但問題來了 —— 你說了這些，對方聽得懂嗎？你真能讓人記得你、靠近你、信任你，甚至願意轉介你嗎？

價值主張的力道，決定於你能否轉譯它成「社群可以接收的語言」與「具體可見的行動」。

本節，我們將深入探討：

- ■ 如何把價值主張說成人聽得懂的語言？
- ■ 如何在社群中設計讓人願意靠近的互動節點？
- ■ 如何透過內容、儀式與行為模式，打造「可被認同與傳播」的關係行動場？

價值主張的轉譯關鍵：說人話、說故事、說在別人需要的時候

很多人在人脈經營上卡關，不是因為沒價值，而是「講得太抽象」、「說得太自我」、「講的時機錯了」。

成功的價值轉譯需具備三要素：

1. 語言可理解：用「別人熟悉的詞」解釋你做的事

失敗案例：「我是一位品牌信任設計師，專注於價值轉化與感知場域優化。」

成功轉譯：「我幫創業者把他們的理念，變成別人願意相信、也願意分享的故事與形象。」

關鍵技巧：

- 用生活化例子說明；
- 避免專業詞疊加；
- 把抽象概念換成場景對話（例如：「你有沒有遇過……？」）

2. 故事可共鳴：讓你的經驗變成他人的「我懂那感覺」

技巧：

- 以個人錯誤、迷惘、突破為核心；
- 聚焦一個關鍵轉折點；
- 加上「我當時的選擇」與「這讓我學到什麼」。

■ 第十二章　建立你的人脈吸引場域

例子：

「我創業第一年，花了快 20 萬做品牌包裝，結果沒人看得懂。那時我才明白，與其包裝自己，不如先弄懂對方想怎麼理解你。」

這樣的敘述比起「我懂品牌策略」更容易打開對話與情緒。

3. 時機可適配：不是在你想說的時候說，而是在別人需要的時候說

實作方式：

- 在社群中觀察他人狀態，主動回應對方話題，非插播自己的理念；
- 在合作過程後主動提出回饋，而非一開始就教育對方；
- 選擇「情境化的說明」，如私訊後、合作簡報前、講座結束後的延伸對話。

建立社群場的三大語言策略

要讓你的價值主張「成為可流動的語言」，你需要打造一種能讓人傳述、引用、記住的說法與語境。

1. 代表語（Signature Phrase）：你的口頭禪，就是你的價值之鑰

範例：

「我不教你怎麼行銷，我只幫你變得值得被看見。」

「關係的開始不是你多會說話，而是你讓人多安心。」

「別讓你的人脈變成名單，而是變成會替你說話的人。」

建議：選一至三句重複使用於演講、貼文、簡報開場，成為你的記憶鉤子。

2. 社群引言語（Community Code）：讓參與者知道「我們相信什麼」

範例：

「在這裡，我們不比較成果，只分享真實歷程。」

「我們相信對話從傾聽開始，請留下你的故事，而不是你的簡歷。」

功用：這類語言成為社群文化的邊界與共同語言，能快速篩選共鳴對象。

3. 引薦語（Referral Script）：讓別人知道「怎麼幫你介紹你自己」

範例：

「如果你在打造個人品牌卡關，立翔是那種能用一句話說出你要說什麼的人。」

操作：教你的好朋友、合作對象怎麼幫你介紹，甚至提供「推薦語句模版」。

建立行動可見場域的三種內容與互動策略

語言之外，還要設計「被看見你價值的場域」，以下三種形式最常見也最有效：

第十二章　建立你的人脈吸引場域

1. 定期內容輸出（內容場）

　　形式：文章、Podcast、短影音、電子報

　　建議：

- 避免只談觀念，要有案例與操作方式；
- 用故事開場，觀念轉譯，行動建議結尾；
- 鼓勵回饋與轉發，建立社群觸角。

　　平臺選擇建議：

- 專業型：LinkedIn、方格子
- 公眾型：Instagram、YouTube
- 轉換型：個人網站、電子報系統（如 Revue）

2. 共同創作（共創場）

　　形式：合作貼文、共寫文章、聯名講座、小組計畫

　　優勢：

- 快速跨圈層曝光；
- 產出實質價值；
- 強化信任背書。

　　技巧：

- 找理念相似者先小共創再大合作；
- 每次共創後記得標注、分享、互推對方價值。

3. 實體或虛擬聚場（互動場）

形式：共學小聚、主題沙龍、信任早餐、線上討論群

重點：

- 氛圍營造比內容更重要；
- 每次聚會要有「故事交換」與「資源流動」；
- 建立儀式感與回饋機制。

工具推薦：

- Notion／Trello 記錄互動歷程；
- Discord／Telegram 作為持續對話場域；
- Google 表單收集回饋與連結點。

臺灣真實案例：獨立講師如何打造語言與行動雙軌的人脈策略

獨立簡報教練楊宗勳（化名）原本僅靠講座招生與個人簡介拉客，直到他設計了下列轉譯與行動策略：

- 社群語言：將「簡報不是讓你講清楚，而是讓別人記得你」作為代表語，並反覆在講座與貼文中提及；
- 社群行動場：開設「簡報人午茶會」，讓過去學員與對簡報有興趣的人每月一次聚會；

■第十二章　建立你的人脈吸引場域

- 共創互推：與行銷顧問聯合舉辦「說清楚專案工作坊」，並將每次共創過程拍照記錄發文；
- 引薦設計：提供三種推薦語模版，讓學員在幫他推薦時可依情境使用不同版本。

一年內，他的社群觸及人數成長三倍，八成新客戶來自口碑轉介與共創場域。

他說：

「當我從說自己很強，轉為讓別人可以輕鬆說我好，人脈擴散的效率就整個不一樣了。」

> 價值不說清楚，別人就沒辦法靠近你；
> 價值不具象化，社群就無法為你說話

「人脈的建立不是靠你說了什麼，而是你如何讓別人自願成為你的延伸語言與行動。」

從今天起，請問自己：

- 我的價值主張，是否已被轉譯成具體語言？
- 我是否建立一套讓社群成員願意主動介紹我的語境？
- 我是否讓我的行動場域，有足夠的入口與儀式，讓人能留下來並願意分享？

當語言有了情感，當內容變得具象，當互動有了節奏，你的價值不再只能靠你自己傳播，而是**形成一種社群會主動複述的磁場現象**。

第三節　打造讓人參與與轉介的個人行動場域

「人們不會記得你說了什麼，但他們會記得你讓他們做了什麼。」

—— 瑪雅・安傑盧（Maya Angelou）

你的價值，不只是別人怎麼看你，而是別人怎麼參與你

在過去兩節，我們已完成了人脈核心價值主張的定位，並學會如何將這些價值透過語言與社群策略有效傳遞出去。但光是傳遞還不夠。

真正的人脈放大效應，來自於**有人願意主動參與你所設計的行動場域，甚至進一步轉介你、支持你、共創成果。**

也就是說，**人脈經營的第三層次**，不再只是互動與關注，而是「參與」與「連帶擴散」。

這一節，我們將聚焦於：

- 如何設計一個「個人行動場域」讓人可以進入、參與、留下來；
- 什麼樣的互動型設計可以促進轉介意願與信任效應；
- 案例導引：從個人品牌、社群經營、教育型創業到顧問服務，如何打造可擴張的行動生態。

第十二章　建立你的人脈吸引場域

什麼是「個人行動場域」？

個人行動場域（Personal Action Arena）指的是一個**你所主導、可重複運行、能讓人參與並產生價值的空間或流程**。這個場域可以是實體的，也可以是線上的；可以是一次性的活動，也可以是長期累積的制度。

它不一定要大，但必須具備三個條件：

- **可進入性**（Accessible）：新夥伴可以理解、參與、進場，不需靠「人情」或「內線」。
- **有結構的互動**（Structured Engagement）：參與者有角色、有任務、有節奏，而不是被動觀看。
- **具備擴散節點**（Shareable Value Node）：結束後讓人想分享、願意帶朋友來參與下一次。

三種常見的個人行動場域類型

1. 分享型場域（Sharing Arena）：讓人感受價值，並願意再說一次

特點：

多為一次性互動，目的在「初步信任建立」、「價值輸出」，例如：

主題講座、線上直播、免費資源下載、公開演講

成功關鍵：

- 提供具體可落地的工具或框架（如「五步設計法」）
- 創造好記、好抄、好應用的「輸出物」（如圖卡、筆記、講義）

■ 鼓勵參與者「標記他人」、「回顧當天學到什麼」

範例：

品牌顧問李喬開設「每月一小時品牌對話」，每場皆有主題、共筆、共寫回顧區，講座後他會私訊每位參與者：「你覺得這次最有收穫的是哪段？如果願意分享，我會回饋你一份專屬品牌語言建議。」

這種細緻互動促成大量自然分享與轉介。

2. 共創型場域（Co-Creation Arena）：讓人與你一起創造成果

特點：

設計讓人不只是「聽」，而是能「一起產出／行動」的空間，例如：

工作坊、設計衝刺營、實驗小隊、共同編輯群、線上挑戰週

成功關鍵：

■ 明確任務框架（如：7 天內寫完一份合作提案）
■ 組織動能配置（如分組、角色分配、每日打卡）
■ 結束時有成果展示或發表（如結案直播、共筆冊、社群故事牆）

範例：

創意講師溫毓如打造「簡報共學 40 天挑戰」，每天交一張練習稿，搭配 LINE 群互評與直播答疑，結束後製作電子書，所有參與者皆被標注為共同作者之一。這讓參與者有高度參與感與共同成果驅動，更易轉介與自我推薦。

■ 第十二章　建立你的人脈吸引場域

3. 培力型場域（Empowerment Arena）：讓人變得更好，並願意帶人來

特點：

可長期運行，具有「角色認同感」與「可再生資源」，例如：

- 共學社群、會員制平臺、實體學習社團、專屬私域群組

成功關鍵：

- 設計「成長路徑」或等級制度（如入門－進階－陪練）
- 建立儀式與文化（如歡迎新人、自我介紹日、分享日）
- 給予資源回饋與轉介獎勵（如轉介者可提前收到資源包）

範例：

女性創業者江靖雯創辦「SHE Lab 社群」，設有五個主題組：品牌組、產品組、人資組、數位行銷組、心理支持組，每組有學姊制度，每月固定一次進階共學，每次聚會鼓勵學姊邀請 1 位她認為值得共學的「潛力成員」。這使社群不斷進人，也不斷強化信任文化。

如何讓行動場域具備「轉介力」？

打造場域只是第一步，要真正讓人主動帶人來，還需設計轉介機制與激勵策略：

機制一：轉介語句模版設計

設計句型如：

「你最近是不是也在煩惱○○？我前陣子參加了×××，一起來看看，或許你也會找到方向。」

加值技巧：提供轉介者獨享的回饋（如朋友參加你會送小禮、共寫感謝貼文）

機制二：轉介儀式設計

設計一種「被介紹入場」的儀式：

- 新人進群由推薦人簡單介紹：「這是我大學學妹，她最近剛開始做自由接案，我覺得她來這個社群可以少走很多彎路。」
- 可配合「破冰提問」、「新人週問答挑戰」等方式促進融入感。

機制三：共創成果視覺化與共享

讓參與者可在他處「炫耀」自己曾參與，例如：

- 「社群共同編輯白皮書」加署名；
- 「創作挑戰榜單」貼圖包；
- 「專屬推薦連結」自動生成可追蹤。

真實案例：顧問如何打造轉介型的服務入口

品牌策略師蔡季言在疫情期間，從實體顧問轉型為線上社群式顧問。他推出一項名為「3次會談挑戰」的小專案，每人報名後可進行 3 次

■ 第十二章　建立你的人脈吸引場域

線上會談，每次皆有明確任務（如建構品牌一句話、制定定位簡報、寫一封合作邀請信）。

但特別的是，每完成一次會談，參與者需在社群中發文紀錄心得，並標注至少 1 位他想邀請一起共學的夥伴。

這個流程，三個月內讓他獲得 70 位新客戶，其中 6 成來自參與者主動轉介。

他說：

「我不是在賣服務，我是在設計讓人願意參與、記得、然後想帶朋友來的旅程。」

你能持續被記得與擴散，是因為你讓別人參與其中

「真正持久的人脈，不是你認識誰，而是有多少人參與過你的價值，並願意替你說話。」

從今天起，請問自己：

- 我目前有沒有一個明確的「個人行動場域」？
- 別人是否知道該如何參與、該怎麼邀請別人參與？
- 我的場域是否提供足夠具象的參與感、成就感與轉介誘因？

當你設計出一個**有節奏、有情感、有成果可視的參與型空間**，你的價值就不再只是靜態地擺著等待被看見，而是變成一個會說話、會流動、會吸引人的行動磁場。

第四節　沉浸式故事理論解說：自轉也公轉的人脈生態建構法

「如果你想走得快，就一個人走；但如果你想走得遠，就一起走，而且要讓大家都願意一起動起來。」

—— 非洲諺語

一位行動派的內容創作者，卻總卡在人脈瓶頸

李昕緯是一位內容創作者，在 Instagram 上經營「慢步思維」帳號，專門分享關於職涯反思、創意寫作與個人成長的內容。她的貼文總是文筆細膩、回響不錯，曾經還被幾位 KOL 轉發，但她始終有個疑惑：

「我經營社群三年了，粉絲有、讚數也有，可是真正願意跟我合作、轉介我給別人的人，少之又少。為什麼？」

她開始檢視自己的策略，也開始讀書、請教顧問、參加共學團體。某一次，她在共學小組提出這個問題時，一位團員回她：

「妳的內容很棒，但我其實不太知道該怎麼介紹妳給別人。妳是寫作老師？還是品牌顧問？還是自我探索教練？我不確定。」

這句話點醒她：原來自己缺的不是內容，而是「可轉譯、可參與、可傳播」的人脈場域設計。

第十二章　建立你的人脈吸引場域

從價值定位開始的「自轉」計畫

她決定重新設計自己的個人品牌，第一步，是釐清自己的「人脈核心價值主張」（Relational Value Proposition, RVP）。她給自己三週時間，密集完成以下行動：

- 與十位互動密切的讀者與朋友訪談，詢問：「你覺得我是怎樣的一個人？我對你來說有什麼價值？」
- 回顧過去三年最有成效的合作與專案，統整出她最常扮演的角色與創造的價值。
- 每天寫一段「我相信＿＿＿＿，我擅長＿＿＿＿，我希望與＿＿＿＿這樣的人共創」的語句，最後濃縮成一段 RVP。

最終，她寫出了這段話：

「我相信每個人的文字裡，都藏著尚未被說出的力量。我擅長陪伴創作者將內心深處的思緒，轉化成能夠引起共鳴的語言。我想與那些重視真誠、願意分享歷程而非包裝形象的人，一起打造一個溫柔但有力的內容共學圈。」

這成了她的第一個「自轉」節點：**建立清楚的引力中心，讓人知道靠近她是為了什麼。**

讓價值可以被人參與的「行動場」設計

有了定位，她開始思考：如何讓這樣的價值不是只是放在 IG 自介，而是變成一個可以讓人靠近、加入、甚至主動轉介的場域？

第四節　沉浸式故事理論解說：自轉也公轉的人脈生態建構法

她設計了一個稱為「寫給還沒放棄的自己」的 14 天線上共寫挑戰。形式簡單：

- 每天提供一個創作題目（如：「今天為什麼還願意醒來？」）
- 每人每天寫一段文字，貼在社群或 Google 文件裡
- 每三天一次直播回顧與回應讀者故事

更重要的是，她設定了三項規則：

(1) 每位參與者需邀請一位朋友一起報名；
(2) 每週她會選出三篇回饋最深刻的內容做貼文專訪；
(3) 所有參與者都會獲得一本共寫紀錄電子冊，附上署名。

這不只是參與活動，而是讓每一個人「有話可說」、「有事可做」、「有連結可持續」的設計。參加者不再只是粉絲，而是成為**行動共同體的一分子**。

從參與到轉介，信任開始「公轉」

挑戰進行期間，昕緯發現了過去從未感受過的現象：

- 有參與者主動為她做圖文整理，再分享到其他社群；
- 有讀者說：「我邀請了我的伴侶、我媽媽一起參加，這不只是創作，是陪伴。」
- 活動結束後，有七位參與者主動發信問她：「可以幫妳推薦給出版社嗎？」

第十二章　建立你的人脈吸引場域

她突然明白，過去她只是想著如何說服別人認同她，而現在，**她是創造了一個場域，讓別人「自己參與價值」後，自然願意推薦她。**

她不是在推銷自己，而是在建構一個可以「自轉也公轉」的信任場域：

- 自轉，是她持續經營自己的價值表達與內容節奏；
- 公轉，是她設計出讓他人可以參與、共創、轉述、擴散的參與型結構。

生態系成形，人脈開始自動繁殖

兩個月後，昕緯設計了「第二季挑戰」，這次不再自己主持，而是邀請上次挑戰中最活躍的五位參與者擔任「小組導師」。每人負責一組新成員的導引、回饋與每日激勵。

她不再是中心，而是成為「生態系的原點之一」。

接下來的變化令人驚豔：

- 她的 IG 粉絲數不是暴增，但**她的轉介來源變得多元穩定**；
- 有出版編輯找她合作書籍，不是看她粉絲數，而是看她「能不能動員社群產出內容」；
- 有行銷顧問邀她合作「品牌故事共創工作坊」，看中的是她「能帶領人寫出自己故事」的能力；
- 有兩位原本參與挑戰的學員後來成為她的合夥人，共同開設寫作會員平臺。

第四節　沉浸式故事理論解說：自轉也公轉的人脈生態建構法

她說：

「過去我以為人脈是你認識誰；後來我發現，人脈其實是你建構出怎樣的價值場，讓別人願意參與，然後替你轉動整個生態。」

人脈的終極樣貌，是別人主動讓你「好被看見」

「當你開始自轉，你會變得穩定；當你設計讓他人也能公轉，整個場域會自動繁殖。」

這，就是一個真正成熟的人脈系統。

從今天起，請問自己：

- 我的價值主張是否已成為一個可參與的場域？
- 別人是否知道怎麼進來、怎麼互動、怎麼帶人來？
- 我的場域是否已經具備能讓別人「自己也成為推手」的條件？

當人脈從你自己一個人的努力，轉變成**他人也能參與、投入、帶人來的共同空間**，你就不再孤獨推廣自己，而是擁有了一個會自我繁殖的信任生態系。

第十二章　建立你的人脈吸引場域

第十三章
穩定輸出的節奏策略

第十三章　穩定輸出的節奏策略

第一節　打造可持續影響力的社群節奏

「頻率決定影響力的厚度，節奏決定人是否留下。」

—— 賽門・西奈克（Simon Sinek）

影響力不是一次說服，而是多次陪伴

在社群經營的語境中，「影響力」常被誤解為人氣、話語權或流量突破；然而，真正能在關係中產生持續作用的影響力，不來自短期爆發，而是**有節奏的存在感**。

節奏，不只是發文頻率，更是**你與群體之間形成的情感迴路、對話韻律與信任溫度的總和**。一個沒有節奏的社群，就算資源再豐富，終究也會在忙碌中慢慢被遺忘。

這一節，我們將深入探討：

- 為什麼節奏是社群影響力的基礎？
- 如何設計一個「可持續的社群節奏模組」？
- 真實案例分析：哪些節奏讓人留下、參與，甚至主動貢獻？

節奏為何是影響力的隱形結構？

社群的情感溫度與動能運作,有如一場長跑,不是靠一次性爆點,而是靠**預期、熟悉與默契**所構成的「節奏感」。

我們可將社群節奏分為以下三層:

1. 存在節奏:讓人知道你「一直都在」

這是最低門檻的節奏,但最被忽略。若你經常斷更、消失、缺席,社群會快速將你邊緣化。

具體作法:

- 訂定「每週最少一次」的固定更新時間;
- 若暫停,務必主動說明原因與恢復時間;
- 運用固定單元、內容系列,強化記憶節奏。

範例:「每週三的閱讀筆記」、「週五人脈思考語錄」。

2. 互動節奏:讓人「知道怎麼回應你」

許多經營者內容不錯,但缺乏互動節奏,導致社群呈現單向輸出。你需要設計可參與、可回應的節點。

實作建議:

- 使用規律問句(如「本週最感謝的一個人是誰?」)
- 設計互動機制:投票、留言回饋、標記回應;
- 每月一次「社群共筆」或「開放話題」活動。

互動節奏是信任的再確認,能避免人脈流失。

■第十三章　穩定輸出的節奏策略

3. 貢獻節奏：讓人「有機會一起打造成果」

最深層的社群黏著，來自成員在此**完成某件具體成果**。

建議安排：

- 每季一次「共創主題」：如共寫白皮書、合辦講座；
- 設定角色輪值制度（導讀人、筆記人、舉例者）；
- 提供「投稿」、「推薦」、「見證」的結構，讓他人參與價值輸出。

社群貢獻節奏，讓你從主講人，進化成平臺設計者。

設計屬於你的「社群節奏模組」

若要打造具影響力又可持續的節奏，我們建議使用「三層五頻」模型：

三層：情緒層、認知層、貢獻層
五頻：日／週／雙週／月／季

頻率	情緒層（陪伴感）	認知層（內容價值）	貢獻層（參與實踐）
日	每日短句、語錄回應	快訊、連結分享	每日任務回報（如挑戰）
週	回顧式問答、感謝留言	週更貼文、教學單元	簡短任務、共寫活動
雙週	小組對話、回饋活動	訪談整理、讀後心得	主題編輯任務分配

頻率	情緒層（陪伴感）	認知層（內容價值）	貢獻層（參與實踐）
月	共學聚會、直播問答	整合性內容（PDF 等）	結案共筆、成果分享
季	聚會、共創計畫發表	經驗白皮書、主題報告	共創專案、角色輪替

這個模組可依據人力資源與場域類型調整密度，但核心原則是：

- **情緒層不可中斷**：讓人知道你還在、值得靠近；
- **認知層保持輸出**：讓人記得你專業、願意學習；
- **貢獻層要有節點**：讓人有機會發光、留下、推薦。

案例分析：Podcast 經營者如何打造節奏感？

黃致恆是一位臺灣獨立播客創作者，主題為「斜槓日常學」。他在開播一年內便獲得穩定收聽群，關鍵就在他精準的社群節奏設計：

1. 情緒層

每集開頭固定語句：「歡迎來到你的斜槓生活收訊站，我是致恆，每週陪你一起走在探索人生的路上」；

每週在社群 IG 發一張「生活小感語錄」，搭配一個提問，如「最近讓你改變看法的事是什麼？」

2. 認知層

每週二更新主集,每月一次邀訪來賓,並附上延伸閱讀資源;

每集內容下方附簡報筆記,方便回顧與轉發。

3. 貢獻層

每季開放聽眾投稿故事;

設計「斜槓筆記共學挑戰」:每位參加者每週分享一本書或一段經驗,組成季末共筆手冊;

優秀參與者可成為下一季的「聽眾推薦人」。

他說:

「不是我一個人在講故事,而是我創造了一個節奏,讓大家一起書寫、一起留下來。」

避免節奏疲乏的三個策略

有些經營者誤以為「節奏」就是「堅持發文」,結果反而疲乏。真正可持續的節奏,要避開以下三個陷阱:

陷阱一:機械式更新

錯誤想法:「我就是每天發文,總有一天會被看見。」

對應策略:內容需「內外兼顧」——對內是社群內部成員的連結感,對外是新關係的開入口。

陷阱二：自我節奏 vs. 群體節奏不合拍

錯誤想法：「我覺得每週寫一封信很棒，為什麼沒人理我？」

對應策略：讓社群成員一起設計節奏——如問卷調查、社群投票、節奏日曆共創。

陷阱三：沒有容錯空間

錯誤想法：「我中斷一次更新就會毀了關係。」

對應策略：建立「中斷預告制度」與「低頻備用內容池」，即使休息，也可維持低量存在感。

節奏不是壓力，而是讓人願意靠近的呼吸頻率

「節奏，是關係裡的呼吸。你呼吸順，人就願意留下。」

從今天起，請問自己：

- 我的社群目前有節奏嗎？還是只是靈感式經營？
- 我是否設計了情緒、認知與貢獻的三層節奏感？
- 我的節奏，是否讓他人知道怎麼靠近我、參與我、分享我？

影響力不是你說了什麼，而是你多久讓人想起你一次，多久讓人願意靠近一次，多久讓人參與一次。

打造屬於你的人脈節奏，才是真正可持續影響的關鍵。

■第十三章　穩定輸出的節奏策略

第二節　設定適合自己的社群運行頻率

「不是頻率高才能有影響，而是找到與自己步調同步的節奏，才是長久的關鍵。」

——奧斯汀・克萊昂（Austin Kleon）

頻率不是拚命發，而是找到剛剛好的存在感

在社群經營的現場，我們常被建議「要規律更新」、「要固定輸出」、「要保持熱度」。但現實是：不是每個人都適合每天發一篇、每週開一場、每月做一份電子報。

真正能長久運作的頻率，**不只是根據平臺演算法設計，而是來自你個人步調與社群期待之間的協調設計。**

本節，我們將探討：

■　如何評估並設定屬於自己的社群運行頻率？
■　為什麼「不頻繁但有節奏」也能創造影響力？
■　如何將頻率設定轉化為一種可持續的社群經營機制？

為什麼頻率需要個人化設計？

社群是一種關係媒介,不只是曝光管道。當你過度追求高頻輸出,卻忽略內容品質與自身承載力,最終可能導致疲乏與信任流失。

根據 Content Marketing Institute 的調查顯示,**讀者對內容輸出的「期待頻率」與「實際接受度」之間,有明顯區隔:**

- 超過 50% 使用者願意每週收到一次內容,但不喜歡每天被「轟炸」;
- 一週一次的固定輸出,若持續六個月以上,信任度與點閱率提升約 38%。

也就是說,**關鍵不是你發多少,而是你是否讓別人有「預期感」與「品質信任感」。**

建立個人頻率模型的四大核心指標

若要設定適合自己的社群運行頻率,我們建議先自我診斷以下四項指標:

1. 能力負載量 (Output Capacity)

問自己:我目前每週/每月能穩定產出多少內容?不只是寫文,還包括剪輯、回應、整理。

建議評估項目:

- 單篇產出時間與流程(如撰寫一則貼文需 2 小時)

第十三章　穩定輸出的節奏策略

- 是否有既有內容可重複使用（如舊簡報、舊教學）
- 有無團隊或工具輔助（如 Notion 規劃、剪輯軟體）

2. 情緒韌性度（Emotional Resilience）

社群經營不只是勞力型工作，更是情緒戰。有時候貼文反應差、互動冷清，會對創作者產生心理負擔。

自我檢查：

- 一週內有幾天能穩定情緒投入內容互動？
- 是否曾因為某次低互動而影響信心或停更？
- 我的社群反應是否會直接影響我的價值判斷？

解方：選擇「自己情緒不受干擾」的最低輸出頻率為基底設計。

3. 社群接受幅度（Audience Absorption）

不同族群對頻率容忍度不同：

- B2B 讀者傾向「品質型頻率」——每週一次精緻內容；
- 年輕族群習慣「陪伴型頻率」——每日語錄、限時動態互動；
- 專業社群偏好「行動型頻率」——每月一次共筆或對話。

建議觀察指標：

- 哪些貼文互動高？其形式與發文時間為何？
- 成員留言是否有延續對話傾向？
- 對活動的響應速度與主動提問頻率為何？

4. 生活節奏搭配度（Life Flow Sync）

一切頻率設計，必須以「你能活得下去」為前提。

問自己：

- 我的工作週期是日型／週型／月型？
- 我最有創作能量的時間是早晨／夜晚？
- 我是否能把內容創作融入工作流程，而非額外負擔？

三種社群經營頻率模型：從低頻維繫到高頻交錯

模型一：低頻信任維繫型（適合高專業／少人力／深度內容者）

範例節奏：

- 每月 1 次深度文章（電子報／部落格／影片）
- 每週 1 則動態更新（限時動態或快訊）
- 每季 1 場對話性活動（如共筆、線上沙龍）

適合對象：

- 自由顧問、講師、作者；
- 內容製作時間長、但可重複使用者。

優勢：節奏穩定可預期，信任深但非密集。

第十三章　穩定輸出的節奏策略

模型二：中頻陪伴關係型（適合個人品牌／自媒體工作者）

範例節奏：

- 每週 2～3 則內容（生活＋觀點混搭）
- 每週 1 次社群互動（提問／投票／推薦）
- 每月 1 次主題參與活動

適合對象：

- 剛起步建立個人影響力者；
- 有穩定習慣且願意與粉絲對話者。

優勢：陪伴感強、黏著度高、內容不需過度深奧。

模型三：高頻共創交錯型（適合團隊／品牌主理人／社群經營者）

範例節奏：

- 每日語錄、快問快答互動；
- 每週主題日（如「觀點星期三」、「夥伴週六」）
- 每月共創挑戰或線上 Live
- 每季社群共筆、成果展示、參與提案日

適合對象：

- 有社群動能與支援系統者；
- 需快速擴散影響力、建立文化者。

優勢：易裂變、有素養、參與度高，但需團隊合作。

真實案例：設計工作者如何找到自己的節奏？

劉宜真是一位插畫設計師，過去試圖每天發圖、經營限時動態，但經常感到力不從心。她發現自己對互動回應壓力大，也不擅長即時創作。

她改採中頻模型：

- 每週二固定發「作品背後的思考」；
- 每週日更新「一週設計手札」，分享她的學習歷程與困惑；
- 每月一次開放讀者投稿「設計卡關故事」，她以插畫回應。

這樣的頻率讓她在半年內穩定培養一群互動良好的社群核心讀者，轉介紹率也提升，開始接到來自不同圈層的合作邀約。

她說：

「我不是靠高頻率吸引人，而是靠節奏對了之後，讓人願意留下。」

真正可持續的頻率，
是你活得舒服、他人感覺可靠的交會點

「頻率不是你該做到什麼，而是你願意長期做什麼。」

從今天起，請問自己：

- 我目前的社群經營頻率，是基於焦慮還是步調？
- 我是否過度壓榨自己，只為了跟上某種期待？
- 我有沒有設定「能活得下去、還能讓人記得我」的節奏節點？

■第十三章　穩定輸出的節奏策略

　　找到你的節奏，你才會真正進入一種不焦慮、可延續、有影響力的人脈經營狀態。

第三節　長期穩定關係中的價值重置時機

「關係最難的不是建立信任，而是在信任習以為常時，仍能創造新的價值感。」

—— 艾斯特・佩瑞爾（Esther Perel）

不是關係變淡了，而是價值沒被更新

在建立人脈與經營社群的過程中，我們經常聚焦於如何從零開始、如何吸引第一批成員、如何啟動信任循環。然而，當關係已經進入穩定運行階段，另一個更大的挑戰也悄然到來：

關係的「失速」，往往不是因為信任破裂，而是價值感沒有隨時間更新。

穩定的人際連結一旦進入慣性，就像是搭上一列熟悉的通勤列車，雖然安全舒適，但也容易讓人忘記要到哪裡、為什麼一起出發。

這一節，我們將聚焦於：

- 為什麼長期關係也需要「價值重置」？
- 如何辨識關係進入價值倦怠的訊號？
- 設計什麼樣的節點，能讓關係重啟、再生、升級？

■第十三章　穩定輸出的節奏策略

穩定關係也會磨損 ── 從「黏著」到「懶惰信任」

根據哈佛大學社會心理研究指出：**超過三年的合作關係若無明確的角色更新與價值確認，雙方對彼此的期待將進入「靜態預設模式」**，也就是你不再被「看見」，而只是被「理所當然」。

這種狀況可被稱為「懶惰信任」（Lazy Trust）：

- 你仍然被信任，但對方不再主動尋求你意見；
- 對方會推薦你，但語氣裡不再有熱度與細節；
- 雙方互動仍然禮貌，但缺乏新的火花與共同目標。

這樣的關係並非壞掉，只是進入停滯期。**唯有透過「價值重置」機制，才能讓長期連結重新活化。**

五種常見的價值重置時機點

價值重置，不是等對方冷淡時才補救，而是在關係「仍運作良好」的時候，主動進行互動模式、角色定位或價值共識的再確認。

以下五種時機點，是我們觀察長期穩定關係中最適合啟動價值重置的節點：

1. 合作週年／重大回顧節點

操作方式：在合作屆滿一年時，主動邀請對方進行回顧會議或非正式對談。

問題引導：

- 我們過去的合作中，哪一段你印象最深刻？
- 有沒有什麼還沒一起完成但你覺得值得試試的？
- 若你要介紹我給新夥伴，你會怎麼描述我？

這不只是檢討，而是讓對方重新敘述「你的價值」，並產生新的期待。

2. 對方角色轉變時（如職涯、人生階段改變）

典型情境：

- 對方升遷、轉職、創業、進入新領域；
- 對方成為父母、搬遷、人生目標轉向。

重置方式：

- 主動祝賀並詢問：「在新角色中，我有什麼方式可以支持你？」
- 提供一項不同以往的合作模式或資源連結。

這不只是寒暄，而是讓關係重新調頻。

3. 你自身能力或定位提升時

避免方式：不要只在需要對方幫忙推廣時才講。

建議方式：

- 定期更新個人里程碑，如年度總結、進修成果、作品集；
- 私下分享「我現在的專長延伸到哪些領域，有哪些合作我更能幫上忙」。

■第十三章　穩定輸出的節奏策略

這樣能讓對方重新知道「你現在能做什麼」，避免過去經驗影響當下角色認知。

4. 社群重大改版或方向調整時

若你主導某個社群／品牌／平臺，當方向、調性、對象產生變動時，更需要進行價值重置。

操作建議：

- 舉辦「社群再定位對話會」；
- 開放老朋友提問：你們對這次轉變有何看法？有什麼保留？有何期待？

讓老成員不被排除於新策略之外，是對穩定人脈最重要的尊重。

5. 發現關係互動進入模式化時

訊號辨識：

- 對方互動內容開始公式化（如只剩分享、按讚、貼標籤）；
- 你主動私訊，回應僅限簡短語氣詞；
- 雙方無新專案／議題已逾六個月。

對應行動：

- 啟動一次「交錯價值」對話，讓對方知道你近期的觀點、觀察與問題；
- 嘗試提出一個有趣但無壓力的合作提案。

三種價值重置的方法設計

價值重置的關鍵，在於**重新界定彼此的角色與可能性**，不是補救，而是再生。

以下提供三種實用方法：

方法一：角色對調練習（Role Inversion Dialogue）

概念：邀請對方想像「如果我們的角色對調，你會希望我怎麼對你？」

案例：

- 設計師 A 與創業者 B 合作兩年，進入疲乏期。A 邀請 B 想像：「如果你是設計師，你希望創業者怎麼提供資訊、怎麼給回饋？」

效果：對方會更有同理，也讓彼此角色邊界重新清晰，促進下一階段的合作調整。

方法二：關係升級設計（Value Expansion Proposal）

概念：提出一個比目前合作再高半階的合作提案。

範例：

- 內容共筆升級為共同主持；
- 共學組織成員升級為顧問夥伴；
- 廠商關係轉為聯合品牌企劃。

注意：這項提案不必立刻執行，而是提供一種「想像空間」，讓對方感受到你的期待與尊重。

第十三章　穩定輸出的節奏策略

方法三：關係回顧儀式（Milestone Ritual）

概念：以公開或半公開方式，回顧彼此歷程。

實作建議：

- 寫一篇「我與＿＿＿＿的五年」故事；
- 錄製一集 Podcast 談當年經歷；
- 舉辦一場私密的「感謝日」聚會。

這不只是重塑價值，也是一種記憶重溫，讓信任更深刻。

真實案例：一對策略夥伴如何三年後重新定義關係？

陳紹賢與林玉亭是策略顧問與教育工作者，2018 年開始合作內容設計，成為彼此最穩定的合作對象。合作初期充滿火花，但到了第三年，他們開始發現彼此不再主動提案，討論內容也越來越制式。

玉亭主動提議一次「關係回顧會」，會中她說：

「我們合作一直很愉快，但我感覺自己最近只是反射性地照著舊模式做。我在想，如果你現在是個更成熟的策略顧問，我是不是也該升級成不同的合作角色？」

兩人重新盤點了這幾年學到的東西，並提出一項新企劃：聯合開發一套「教育團隊內部共識建構模型」，進行半年共研計畫。

這個新企劃，讓他們重新找回互動的熱度，也讓外界重新看到他們作為「策略共創雙人組」的價值。

關係穩定的下一步，不是更熟，而是一起成長

「最好的夥伴，不是一直都一樣的人，而是能隨著時間一起更新角色的人。」

從今天起，請問自己：

- 我的核心人脈中，有哪些人我們太久沒有更新互動模式？
- 我是否只是維持舊有連結，卻沒有重新看見彼此的成長？
- 有沒有什麼新的可能，是我們值得一起再探索的？

當你主動重置價值、重新命名關係，你會發現：那些曾經穩定的夥伴，依然可以是未來更大的可能。

■第十三章　穩定輸出的節奏策略

第四節　沉浸式故事理論解說：
讓關係進入耐震狀態的價值重整計畫

「真正牢固的關係，不是永遠不動搖，而是當地震來臨時，彼此知道如何重新調平。」

—— 艾莉森・葛林（Alison Green）

老戰友，卻開始失去互動的節奏

鄭子涵與周敏儀是大學認識超過十年的好朋友。畢業後兩人分別創業，一個成立教育科技公司、一個經營品牌顧問事務所。因為彼此高度信任與默契，他們成為彼此初期創業最重要的「顧問夥伴」，不僅互相轉介資源，還曾共同主持多場跨業交流論壇。

這段關係穩定、牢靠，幾乎是彼此人脈系統中無可替代的存在。但就在創業第五年後，他們的關係出現了微妙的變化。

子涵發現，最近三次她主動向敏儀提案合作都被婉拒；而敏儀也不再像以前那樣主動轉介客戶或分享合作機會，連回覆訊息的速度也變得緩慢。

這不是翻臉，不是衝突，而是一種關係裡常見卻最危險的狀態：**沉默的疏離**。

第四節　沉浸式故事理論解說：讓關係進入耐震狀態的價值重整計畫

第一幕：從「好像怪怪的」開始的敏感偵測

子涵沒有立刻質問，也沒有怨懟。她開始回想——

- 最近一次她與敏儀的合作，是一場企業內訓講座，當時雙方的角色其實有些模糊；
- 講座後，她提供的顧問建議被企業採用，而敏儀的簡報卻被指出內容過於理論；
- 自那次之後，敏儀不再主動提起後續合作。

子涵意識到，這可能不是「誰對誰錯」，而是**角色、價值與期待產生了變化，但雙方都還在用舊有互動模式行動**。

她知道，如果現在不處理，這段原本深厚的關係將會無聲地走向終點。

於是，她決定主動設計一場「價值重整對話」，並將這次會面命名為：「我們的第六年——關係耐震計畫」。

第二幕：設計一次真正「以關係為目的」的會面

子涵並不是直接提出「我們最近怎麼了？」這樣的對話方式，而是精心策劃了一場回顧與重整的聚會。

她寄出了一封邀請信，信中寫著：

「這六年，我們從朋友、變成夥伴，也變成彼此的鏡子。

第十三章　穩定輸出的節奏策略

但我有種感覺，我們可能都在變，也許我們的關係需要一場『對齊』。

不是為了要挽回什麼，而是我希望我們可以用更新的角度，看彼此現在的位置、能力與邊界。

想邀你來參加一場只屬於我們的『價值再定位』對話實驗。時間你選，我來準備。」

敏儀一如既往地簡潔回覆：

「可以，下週五晚，六點。」

子涵準備了三樣東西：

- 一份「**我們合作歷程地圖**」，標記他們共創過的專案、分工與轉折；
- 一套**對話引導卡牌**，每張卡片是一個問題（如：「哪次合作讓你感到最舒服？」、「有沒有曾經不舒服卻沒說出口的事？」）
- 一封**寫給未來的信**：「如果我們明年還有合作，我希望你怎麼描述我？」

第三幕：誠實對話後的價值再對齊

這場對話開始時有些生疏，但當第一張卡片翻出來 ——「你覺得我有什麼地方變了？」兩人都安靜了十秒。

敏儀開口了：

「你變得更厲害了，但也更有框架。以前我們可以一起亂想、一起亂做，現在我覺得你比較像是在『經營合作』，不是在一起冒險了。」

第四節　沉浸式故事理論解說：讓關係進入耐震狀態的價值重整計畫

子涵苦笑，說：

「我其實一直在壓力裡想維持我們的合作，所以才會更計算、更顧效率……但我忽略了我們之間原本最珍貴的是什麼。」

那天晚上，她們談了三個多小時，從「彼此看彼此的演變」、到「還想不想一起創造些什麼」，再到「我們的關係要走向什麼狀態」。

最後，她們決定暫停所有共同企劃三個月，彼此先去嘗試不同合作，再在季度結束後做一次回顧。

她們還約定：「我們會不定期聚，主題不是合作，而是確認彼此還是彼此。」

這就是她們之間的**價值重整計畫**。

第四幕：關係耐震的真正本質 ── 允許彼此變動，重新命名彼此

三個月後的再會面，她們都經歷了新的嘗試與發現。

子涵在一個新創品牌設計案中，第一次完全交由另一位顧問全權主持，才意識到自己在合作中常常太過主導，壓縮了他人的空間。

敏儀則嘗試獨立完成兩場講座，反而發現她的內容雖然不炫技，但非常受到基層管理者的歡迎，甚至有機會開設新課程系列。

這次重聚後，她們沒有恢復以往那種密集的合作，但反而開始以一種**彼此推薦、共同觀察、定期更新的方式維繫關係**。

她們不再是「共創夥伴」，而是「價值對話者」。

■第十三章　穩定輸出的節奏策略

　　她們重新命名了這段關係，不再強求密切互動，而是讓彼此保有空間，但在需要時成為「最理解彼此進程」的關係顧問。

把關係做出韌性，而非僵性，是最高級的人脈設計

　　「你不是要關係不改變，而是要在變動中，彼此都還願意再選擇一次對方。」

　　當我們為人脈設計節奏時，請記得：

- 節奏不是為了產出內容，而是讓彼此不脫節；
- 耐震狀態不是「關係無變動」，而是有「調整、回顧、再定義」的空間；
- 最穩的人脈關係，是雙方都能勇敢說出：「我們是不是需要重新對話一下？」

　　從今天起，請問自己：

- 我的關係系統裡，有沒有誰是我們太久沒更新角色的「老朋友」？
- 有沒有哪段連結其實需要一次「耐震工程」，不是維繫而是重整？
- 我是否願意主動說出：「我們來重新看一次彼此，好嗎？」

　　這，就是讓關係在地震來臨時，不會倒，而是更穩固的開始。

第十四章
線上互動與數位信任工程

第十四章　線上互動與數位信任工程

第一節　數位信任與線上關係的建立關鍵

「在這個資訊極度過載的時代，真正讓人停留的，不是演算法，而是信任。」

—— 凱文・凱利（Kevin Kelly）

我們比任何時代都容易「遇見」，卻更難「信任」

在過去，人脈建立需要時間與空間的堆疊。但進入數位時代，我們只需一封私訊、一次線上連結，似乎就能認識世界各地的人。但這樣的「觸及容易」，反而帶來一種新的關係焦慮：

- 如何在幾句文字中建立初步信任？
- 如何讓網友成為長期合作夥伴？
- 如何讓線上的關係不只是「看過」，而是「留下」？

在數位場域中，信任的建立邏輯改變了。

這一節，我們將深入剖析：

- 為何數位互動需要不同於實體的信任建構策略？
- 線上關係建立的五大心理機制；
- 設計數位信任流程的實用方法與真實案例。

數位信任是「行為可預期」的感知設計

在面對面互動中，我們透過表情、語氣、肢體動作與非語言線索來快速感知一個人的誠意與真實度；但在線上場域，這些感知途徑被壓縮成文字、圖像與回覆速度。

根據《麻省理工科技評論》的研究指出，**線上互動中的信任建立關鍵在於「一致性」與「回應性」**，也就是使用者是否能從你的線上行為中，感受到：

- 你是穩定出現的；
- 你有邏輯與價值觀可循；
- 你願意對他人的互動做出真誠回饋。

這種信任，不是靠一張精美名片或一篇熱血貼文建立，而是靠**長期可預期的數位行為軌跡**，讓對方願意將你納入「安全名單」。

線上信任的五大心理機制

要有效經營數位信任，我們必須理解背後的心理行為驅動。以下是五個關鍵機制：

1. 存在感 (Presence)

定義：使用者是否「知道你還在」？

實作要點：

- 定期更新、限時動態、可見回覆；

■ 第十四章　線上互動與數位信任工程

- 不是高頻發文,而是有節奏的互動訊號;
- 即使不發文,也可透過留言、標記、互動維持存在感。

2. 一致性 (Consistency)

定義:你的價值觀與表現是否「前後一致」?

實作要點:

- 避免風格與立場突然轉向;
- 標準化你的語言風格、標題結構、內容模組;
- 讓讀者熟悉你的「節奏感」,形成預期。

3. 透明度 (Transparency)

定義:使用者是否能「理解你是誰、想做什麼」?

實作要點:

- 寫下你的理念、個人經歷、正在進行的專案;
- 勇於坦承錯誤、轉折與反思;
- 在公開平臺中提供部分資訊而非全封閉。

4. 回應性 (Responsiveness)

定義:你是否對互動回應有即時與真誠的態度?

實作要點:

- 設定固定時間回覆訊息;
- 給予具體回應,而非只用貼圖或簡短語氣詞;
- 在社群中回應提問、回饋與轉發留言。

5. 社群感（Community Embedding）

定義：你是否讓人感受到「我們是一群人」？

實作要點：

- 建立固定社群聚落（如 LINE 群、Discord、私密社團）；
- 採用共學、共寫、共創等方式促進互動；
- 不只單向發文，而是創造「可參與的話題」。

設計一條「線上信任路徑」

若想讓線上關係從初見到信任形成，有效的流程設計必不可少。這裡提供一條典型的信任轉化路徑：

A. 初步接觸（Awareness）

工具：短影片、貼文、名言、梗圖

目標：創造「熟悉感」，讓人願意點擊或停留

B. 初步理解（Understanding）

工具：個人故事、價值主張、過往案例介紹

目標：讓對方理解你是誰、有何信念與風格

C. 情感共鳴（Connection）

工具：真實經歷分享、挫折歷程、對話串

目標：讓對方覺得「我也有過這樣的感受」

■ 第十四章　線上互動與數位信任工程

D. 小型互動（Micro Engagement）

　　工具：留言互動、小遊戲、問答、打卡

　　目標：建立「輕量」互動，不造成心理負擔

E. 角色建立（Role Positioning）

　　工具：社群導師、主持人、主題推薦人制度

　　目標：讓參與者知道你在社群中的角色與定位

F. 深度參與（Deep Trust）

　　工具：共創計畫、線上課程、一對一對談

　　目標：轉化為長期合作或核心社群成員

　　這樣的轉化設計不是一蹴可幾，而是一場有節奏、有情感、有結構的數位互信旅程。

真實案例：Podcast 創作者如何打造線上信任力？

　　李宛喬是一位 Podcast 主持人，節目主題是「職涯底片」，訪談不同背景的自由工作者。她的節目每集收聽穩定，但她發現聽眾不太留言、也不太主動私訊。

　　後來她做了幾項策略調整：

- **在每集節目中新增「主持人自問」橋段**，以個人反思引發共鳴；
- **創建一份「聽眾筆記範本」**，鼓勵聽眾填寫自己聽完的三個學到與一個想問的問題；

- **邀請五位忠實聽眾進入內部 Slack 群組**，每週一起共學、共讀一本職場書；
- **每月一次開放線上直播回應聽眾留言與疑問**，並標記曾經留言者。

半年後，她的互動率與轉介率提升三倍，甚至有聽眾主動幫她投稿媒體專訪機會。

她說：

「當我不再想著怎麼讓人點擊，而是怎麼讓人放心靠近，關係就從廣告變成陪伴。」

數位時代的信任，是可以被設計出來的「感知軌跡」

「不要再問我要不要曝光，而是問：別人在哪些節點感受到我是可信的。」

從今天起，請問自己：

- 我的線上存在，是否讓人有「真實在場」的感覺？
- 別人如何在沒有見過我之前，理解我、信任我？
- 我的社群互動方式，是否創造了「願意停留」的情緒與行為節點？

當你能設計出讓人安心靠近、逐步深入的數位互動節奏，你的人脈就不再只是數字與觸及率，而是真正的連結與信任橋梁。

第十四章　線上互動與數位信任工程

第二節　線上人脈互動中的真實感打造

「網路不是讓人失去真實感,而是讓你更需要設計出能被信任的存在方式。」

—— 珍・麥克貝斯（Jen McCabe）

為何在網路上,真實變得更稀有?

數位時代的人脈互動,已不再侷限於名片交換、會議廳握手,更多是從一則私訊、一場直播、甚至一個表情符號開始。但也因此,真實感顯得更加稀薄 —— 我們接觸很多人,卻很少真的「感覺到對方」。

「你這樣說,是你真的這樣想嗎?還是你只是照格式說的?」這樣的懷疑,在線上互動中比以往任何時候都更常見。

真實感,已成為線上人脈經營的核心競爭力。

本節,我們將聚焦於:

- 為什麼在數位環境中真實感比真相更重要?
- 影響線上互動真實感的五個關鍵因素;
- 實作策略與案例:如何用語言、節奏與行為創造可信互動。

真實感的本質，是讓人覺得「你是活生生的」

心理學家卡爾‧羅傑斯（Carl Rogers）在其溝通理論中指出：「真實性（Authenticity）是人際信任的三大核心之一，與一致性與接納並列。」

在線上互動中，因缺乏肢體語言與即時回應，真實感的建立更仰賴下列兩種關鍵表現：

- **語言的溫度**：你是說「套語」還是說「人話」？
- **互動的肌理**：你的回應是否能貼合對話脈絡？

也就是說，**真實感不是「說了真話」，而是讓人「感覺得到你這個人」**。

線上真實感的五大構成要素

1. 語言溫度（Language Warmth）

表現形式：避免用罐頭語句、官方語氣；多使用生活語言、情緒詞與個人語調。

例子：

「感謝您的回應，我會再確認」vs.「哇你這觀點我沒想過，我先消化一下，之後聊？」

「請見附件，敬請批示」vs.「我把那份檔案附上了，等你有空看看再說～」

溫度來自於對對方的想像，而不是對自我的包裝。

■ 第十四章　線上互動與數位信任工程

2. 回應細節（Contextual Responsiveness）

表現形式：回應內容須對應前文脈絡，顯示你真的「有看、有懂、有感」。

例子：

對方說：「我最近在調整方向，很迷惘。」

真實回應應為：「我能懂，那種重設方向的時候常常很孤單。你現在主要卡在哪邊？」

不是機械式問「加油」，而是以對話回應情緒。

3. 節奏一致性（Interaction Rhythm）

表現形式：你的互動節奏是否有規律？是否讓人感到穩定？

實作建議：

- 有些人適合每日簡訊式互動，有些則適合每週長訊；
- 重要的不是「回得快」，而是「讓人知道你會回，且如何回」。

節奏的穩定，就是一種信任的語言。

4. 自我揭露（Appropriate Vulnerability）

表現形式：適度分享自己的困境、反思與真實歷程，而非永遠只談成就。

原則：「你說的，不是要對方崇拜你，而是要讓他感覺你像他。」

實例：

- 講一段你曾經的錯誤選擇；

- 分享你曾被誤解的經驗，讓對方知道你也會失衡。

這樣的揭露，不是弱點展示，而是讓對方進入同理頻道。

5. 邊界透明（Boundary Clarity）

表現形式：清楚說出你的角色定位、可互動範圍與界線，不讓人感到模糊不安。

實作建議：

- 說明你回應訊息的頻率與方式；
- 表達你能提供協助的具體形式；
- 當無法幫助時，誠實說明，並嘗試轉介或建議他人。

真實感不只是柔軟，也是清晰的誠實。

用行為來讓文字「長出觸感」

文字是冷的，但若配合行為節奏與互動設計，就能讓人感受到「這個人是活著的」。

以下是幾項策略：

策略一：固定互動儀式

例如：

- 每週五固定「提問日」；
- 每月第一個禮拜一寄出「近況分享信」；

■ 第十四章　線上互動與數位信任工程

- 每次私訊對話後，24 小時內簡短回覆：「我收到你說的，會再想想。」

這些行為設計，會讓人覺得你「有在經營這段關係」。

策略二：表情、語助詞與斷行設計

讓文字更像人說話，而不是報告：

- 加入情緒用詞：「我有點在意的是…」、「其實那時我也很掙扎…」
- 使用表情與斷句：「哇──你這個舉例我超有感！」
- 用三句短句取代一段長句：讓節奏貼近人腦閱讀模式。

策略三：真實照片與影音素材輔助

- 適度使用真實生活照、後臺拍攝、錄音花絮、非正式片段；
- 讓對方看到你不是只有「修飾過的樣子」；
- 避免完全使用商業模板或圖庫素材。

真實案例：一位臺灣手寫圖文創作者的真實感戰術

林靜慧是一位經營 Instagram 的手寫圖文創作者，主題圍繞療癒、情緒書寫與關係修復。她在貼文中使用大量個人經驗與手寫內容，看似簡單，卻有極高的黏著力與回應率。

她的策略如下：

- 每則貼文皆為一段自己真實經歷，並搭配一張「邊畫邊寫」的照片；

- 回覆私訊時,她會說:「我不一定能給建議,但我會認真讀完你說的,然後分享我的理解」;
- 每月一次在限時動態開設「我最近卡關的地方」系列,邀請讀者回應並共感。

她的信任感不是靠「規模感」,而是靠「你在跟一個活人說話」的直覺。

她說:

「真實不是我要表現出什麼,而是我願不願意讓你看見那些還沒解決的我。」

線上互動的真實感,是讓人願意停下來的情感觸點

「當你說話像個人,而不是一個帳號,人們才願意留下。」

從今天起,請問自己:

- 我的每次回應,是否讓人感受到我有認真看見對方?
- 我的語言是否夠溫度,還是太像報表?
- 我的數位行為,是否為對方留下「這個人是可以靠近的」印象?

當你願意讓自己的數位形象多一些人味、少一點格式,信任就不再只是資料的結果,而是情感的反射。

■第十四章　線上互動與數位信任工程

第三節　讓信任在數位環境中自然繁殖的設計法則

「最可貴的信任不是你努力爭取來的，而是別人願意自發幫你擴散的。」

—— 亞當・格蘭特（Adam Grant）

為何有些人不用主動說服，信任就會自動擴散？

在數位環境中，影響力與信任早已不限於面對面互動。你可能從沒與對方見過面，卻已經願意將資源介紹給他，甚至主動幫他轉發貼文、邀請進入社群、寫下推薦留言。

這是什麼力量？為何有些人能讓信任「自動繁殖」，而有些人即便努力貼文、頻繁互動，卻無法真正讓關係生根發芽？

答案是：**信任不是靠頻率累積，而是靠「可繁殖性」設計出來的。**

本節，我們將探討：

■ 信任在數位環境中的擴散邏輯；
■ 什麼樣的行為與結構，能讓信任由個體向群體擴展？
■ 真實案例與策略：設計一套讓信任自我繁殖的互動系統。

信任的擴散本質，是「讓人也能成為信任的載體」

在人際心理學中，信任有三個層次：

- **直接信任**：我與你有過互動，我信任你；
- **轉移信任**：我信任推薦你的人，因此也信任你；
- **共識信任**：我們在同一個信任系統中，彼此共享信任標準。

數位場域的特性，使得「共識信任」逐漸成為主流──人們會根據你所處的社群氛圍、互動的語氣與他人對你的回饋，來決定是否信任你。

因此，若你想讓信任自然擴散，就不能只做一對一的努力，而必須設計一個讓「他人也能輕鬆轉介你、解釋你、參與你」的系統。

信任自然繁殖的三大設計條件

1. 易轉述性（Retellability）：讓人講得出口你的價值

定義：你是否有一段清楚且易被轉述的價值敘述，讓別人能準確描述你是誰、能做什麼？

實作策略：

- 建構「個人價值簡述語句」：例如「她是專門陪創業者釐清品牌語言的顧問」、「他幫創作者把模糊想法變成具體企劃書」；
- 在社群個人檔案、網站首頁、IG 自介中，使用高可記憶性的敘述。

■ 第十四章　線上互動與數位信任工程

例子：

品牌教練高子涵設計了這段介紹：「我協助專業人士將知識轉譯成具商業價值的品牌語言與產品模型。」這句話被她的學員反覆引用，成為轉介時最常出現的描述。

2. 可參與性（Participatability）：讓人能親身參與你的價值產出

定義：你是否有一套設計，讓別人能透過參與、互動或共創，進一步了解你並內化信任？

實作策略：

- 每季舉辦一次低門檻共創行動，如：共筆挑戰、提問週、理念徵集活動；
- 設計「一起完成小成果」的流程，讓人不只是看你，而是「跟你做一件事」。

例子：

插畫創作者朱若瑩設計了「14 天心情圖文挑戰」，參加者每天根據主題繪一張圖，完成者可列入共筆畫冊並參與線上展覽。這個流程讓信任與參與同時建立，參加者自然願意主動邀請朋友參與。

3. 群體再推薦機制（Collective Recommending）：讓社群幫你持續擴散信任

定義：是否有人願意成為你的「信任代理人」，主動推廣你、解釋你、邀請他人接觸你？

實作策略：

- 設計推薦回饋機制，例如：「推薦你朋友加入工作坊，我會給你一份私人電子筆記」、「幫我寫一段推薦語，我會附上你的帳號標注」；
- 創造「社群見證牆」，鼓勵參與者寫下對你的觀察與感受。

例子：

自由講師鄭艾菲設計了「我的教學觀察手帳計畫」，邀請每位學員在課後寫一段給「未來還沒來上課的朋友」的推薦語，整理後放在網站首頁。這些非制式、非業配的推薦文，成為她最強的信任擴散力道。

打造「可繁殖信任節點」的流程地圖

若你希望在數位場域建立一個可以自然擴展的人脈信任網絡，可依下列五步驟進行：

步驟一：設計「信任敘述語」

目的：讓人願意、能夠、知道怎麼介紹你。

工具建議：

信任句型設計：「她很擅長_____，我之前找她_____超有幫助」

自我介紹語框：「我專門幫_____做_____，尤其是遇到_____問題的人」

第十四章　線上互動與數位信任工程

步驟二：建立「低門檻參與點」

目的：降低接觸門檻，讓觀望者有機會初步參與。

工具建議：

免費迷你課程、線上問卷體驗、共筆活動、虛擬工作坊

「一起做」而非「你來看我做」

步驟三：規劃「成果視覺化節點」

目的：將信任參與轉化為可分享的成果，鼓勵擴散。

工具建議：

活動共筆 PDF、參與者推薦牆、成員專訪、Hashtag 挑戰

步驟四：設置「轉介語言模版」

目的：讓支持者知道怎麼說你、說什麼、給誰聽。

工具建議：

提供推薦語句範例；

設計「推薦卡」，讓參與者複製貼上發送給潛在對象。

步驟五：創造「再參與路徑」

目的：讓第一次參與後，有下一次進階互動的設計。

工具建議：

共學→課程→夥伴→策展；

挑戰→培訓→主持→開發者

第三節　讓信任在數位環境中自然繁殖的設計法則

真實案例：一場讓信任自然繁殖的線上學習計畫

　　2023 年，社群設計師李慕真發起了一場名為「人設再造工作坊」的線上挑戰。這項活動不收費、不打廣告，卻吸引了超過 600 位參與者，並有超過一半的人完成全部任務。

　　她如何設計？

- 第一步：她寫了一篇誠實分享自己的自我懷疑過程，開啟活動的共感場景；
- 第二步：設計 7 天任務，每天用一封信＋一個問題，引導參與者反思自己的社群角色；
- 第三步：每天參與者可將心得貼在個人 IG，並標記 ＃人設再造挑戰；
- 第四步：她設計了推薦語句卡，鼓勵參與者邀請朋友「陪我一起完成最後三天」；
- 第五步：活動結束後，她邀請十位參與者共編一份心得白皮書，並列出作者名單公開發布。

　　這整套設計，讓參與者不僅信任她，還主動向外推薦她的價值系統。

　　她說：

　　「我不是想讓大家看見我，而是讓他們透過我，看見自己。當人們因你而感受到價值，他們就會幫你延伸價值。」

■第十四章　線上互動與數位信任工程

信任可以是被設計出來的繁殖系統

「當你的價值不需要你自己說出口，而是別人幫你傳出去，信任就進入了複利狀態。」

從今天起，請問自己：

■ 我的信任是否還停留在一對一互動？還是已開始形成可轉介的結構？
■ 我的語言是否有足夠清晰，讓人好介紹我？
■ 我的參與流程是否設計得讓人願意重複參與，甚至主動帶朋友來？

記住：數位場域的關鍵不在「曝光」，而在於你有沒有一**個會自己長大的信任生態**。

第四節　沉浸式故事理論解說：線上關係的信任繁殖藍圖

「最成功的數位人脈系統，不是你被看見幾次，而是你被多少人自願地傳述一次。」

—— 潔西卡・蘿許（Jessica Lough）

一位被演算法冷落的內容創作者

黃睿恩，一位以「靜慢創作」為主題的自由創作者，長年在 Instagram 與 Medium 發表關於深度閱讀、生活觀察與個人成長的圖文內容。

起初，她的帳號因文筆細膩與色調療癒吸引不少關注，但近一年來，她開始發現：

- 互動量下降；
- 粉絲數成長停滯；
- 主動私訊合作或參與活動的人越來越少。

她不解，自己仍然持續穩定產出高品質內容，為什麼影響力與關係黏著卻逐漸下滑？

她嘗試學習短影音、投放廣告、參加社群成長營，卻發現那些方式都只帶來短暫的關注，**無法真正建立信任與連結**。

第十四章　線上互動與數位信任工程

一次與創作圈前輩的深談中，她聽到一句話讓她頓悟：

「妳太努力『被看見』，卻沒讓人知道怎麼『把妳傳出去』。」

第一幕：重新定義數位關係的「繁殖性」

她開始深入閱讀有關社群設計與信任經濟的文章，並建立出一個新的問題架構：

- 我的價值敘述是否夠清晰，讓人講得出口？
- 我的參與節點是否夠輕盈，讓人踏得進來？
- 我的互動設計是否有再推薦的機制，讓人自願延伸？

睿恩發現，自己雖然有穩定的內容節奏與美學一致性，但完全缺乏「可繁殖性設計」：

- 沒有讓粉絲成為內容共創者的橋段；
- 沒有設計明確可參與的互動節點；
- 沒有提供信任代理人可用的推薦語言與動機。

她決定進行一場實驗，建立一個「可繁殖的信任藍圖」，讓她的線上人脈從單點式關係，轉化為網狀式擴散。

第二幕：「慢感小週計畫」的誕生

她將過去三年的圖文內容整理為七個主題，包括：慢讀、慢寫、慢行、慢聽、慢食、慢感、慢問，並設計一項為期七週的參與挑戰活動——**慢感小週計畫**。

活動內容如下：

每週公布一主題與一個體驗任務（如：每天關掉手機一小時，觀察時間流動）；

參加者需在社群發布一篇感受貼文，搭配指定 Hashtag；

任務結束後可申請「慢感筆記夥伴卡」，獲得一份私人電子書與下一季活動邀約。

最重要的是，她加入了「轉述與轉介機制」：

每週活動包中附上一段「推薦語句」模板，例如：「我參加了睿恩的慢感小週計畫，發現每天一小時不碰手機，竟然讓我重新找回了自己的注意力。你也想試試看嗎？」

邀請參加者自行轉發活動任務給好友，若朋友完成三週任務，原參加者可成為「慢感推薦人」，獲得社群中小組主持人資格。

第三幕：社群變成了共創信任的系統

七週後，活動參與者人數達到了原粉絲的 20%，但更驚喜的是：

- 超過六成新參加者來自「朋友推薦」；

第十四章　線上互動與數位信任工程

- IG 上自發貼文與心得筆記超過 300 篇,並自然擴散到 LinkedIn、Threads 與 Telegram;
- 有三位參加者自行延伸主題,在地方小聚或公司內部發起「慢感分享會」。

她觀察,這些人的語言幾乎一致:

「我參加這活動,是因為某某某推薦我,說這對她有幫助。她說我最近壓力大,很適合慢下來看看。」

原來,信任不只是她與參加者之間建立,而是透過「語言、參與、成果」三者構成的生態圈,**讓參加者也成為了信任的轉運點。**

第四幕:打造自動增生的人脈生態系統

接下來幾個月,睿恩並未持續推出新活動,而是設計以下三件事:

信任句典整理

她從參加者的心得中擷取高頻推薦語句,整理成《慢感參與者語錄手冊》,成為下一波活動的口碑素材。

信任代理人制度

開放過去參與過的成員申請「小週主持人」,由她提供素材與任務模版,讓每位推薦人可在自己的社群中主持同樣活動。

定期社群回饋信

她每兩週寄出一封「慢感週報」,分享最新挑戰成果、社群亮點、用戶故事,讓社群知道彼此仍在,並持續聚焦在她的信任價值上。

第四節　沉浸式故事理論解說：線上關係的信任繁殖藍圖

短短半年，睿恩的作品未必比以前更多，但她被標記與提及的次數增加了四倍；她的合作邀約不再來自業配平臺，而是來自「曾被推薦人轉介的陌生信任圈」。

她說：

「當人們不再只是看你，而是主動把你說出去，你就不需要再努力證明自己了。信任會自己長腳。」

你無法控制誰看你，但你能設計誰能幫你說話

「**可繁殖的信任，是一種集體敘事設計。**」

從今天起，請問自己：

- 我的線上價值，別人知道怎麼說出去嗎？
- 我的活動，有設計讓人轉介與再參與的節點嗎？
- 我的社群，是單向關注，還是多向共創？

當你設計出能被參與、能被複製、能被轉述的信任藍圖，你就真正擁有了一個**會自己擴散的人脈系統**——那是你的價值，被信任者一起說、一起活出來的樣子。

第十四章　線上互動與數位信任工程

第十五章
人脈系統的長期資產化策略

第十五章　人脈系統的長期資產化策略

第一節　人脈資產的可複製與可轉化設計

「真正有價值的人脈，不是你認識誰，而是你如何將這些關係轉化為可延續的影響。」

—— 約翰·C·麥斯威爾（John C. Maxwell）

人脈不是「擁有」，而是「能運作」與「能轉化」

你可能曾聽過這樣的說法：「人脈是資產。」但資產這個詞，在管理學與財務的語境中，從來不只是靜態的擁有，而是必須具備以下特性：

- **可量化與評估**；
- **可複製與擴張**；
- **可轉化為價值輸出**。

換句話說，若你的關係網只是存在於你腦中、手機通訊錄裡，無法系統化應用、無法讓他人參與或接手、也無法帶動價值循環，那它就只是「人際記憶」，而非「人脈資產」。

本節將說明：

- 如何從無形的人脈關係建構視覺化架構；
- 如何設計「可複製」的互動流程與信任機制；
- 如何建立人脈的「轉化模型」，讓關係成為可用的策略資源。

何謂「可複製的人脈設計」？

所謂「可複製」，指的並不是要每個人都變成你的人脈分身，而是建立一套他人也能使用、理解與轉化的互動結構。

可複製人脈設計的三大構成：

- **節點明確**：誰是你的人脈系統中的關鍵角色？具備什麼功能？
- **互動模組化**：你與這些人互動的模式是否具備可操作性？
- **參與可授權**：是否能讓他人參與你的互動系統中，並扮演角色？

舉例來說，一位品牌策略顧問可以將她與客戶、人脈網、轉介紹者的互動模式設計為：

- 第一層：客戶方決策者，三週一次策略會議；
- 第二層：潛在合作者，每月一次共學讀書會；
- 第三層：轉介紹夥伴，每季一次聚會與經驗交換。

當這套模式能用圖像表示，甚至能讓新人加入並照表操作，這就是**可複製化的初步完成**。

從「個人關係」到「模組設計」的關鍵步驟

步驟一：盤點你的人脈資源，以「功能」分類

你不是要記住所有人，而是要知道每個人可以發揮什麼功能。分類建議如下：

第十五章　人脈系統的長期資產化策略

- **資源型人脈**：提供工具、平臺、場地、金流等支援；
- **影響型人脈**：擁有社群、發聲力、話語權；
- **連結型人脈**：具有高轉介與網絡跨界能力；
- **策略型人脈**：能與你共創、對話、挑戰觀點。

實作建議：建立一張 Excel 表格或 Notion 資料庫，標記每位核心人脈的功能角色與最近互動日期。

步驟二：設計「角色互動模組」

這是可複製的核心關鍵──將你與各類人脈之間的互動行為模組化，例如：

- **每月一次的 Insight 分享信件**：寄給資源與策略型人脈，維持思維對齊；
- **季度聚會小圓桌**：邀請連結型與影響型人脈進行話題討論與資源交換；
- **年度回顧與前瞻報告分享**：提供合作總結，維繫信任黏著。

這些模組一旦建立，就能被他人觀摩、學習、複製，甚至以「品牌共同運營」方式擴張。

步驟三：制定「信任轉介流程」

人脈能不能被他人轉介，不取決於你認識多少人，而是**你是否有清楚的轉介機制與語言設計**。

必備項目：

- **推薦語句範本**：「如果你需要＿＿＿＿＿＿＿＿，我推薦你找＿＿＿＿＿＿＿＿，她是專門協助＿＿＿＿＿＿＿＿的人。」
- **轉介表單或管道**：如線上問卷、信件模版、介紹信格式；
- **回饋與再參與機制**：讓轉介紹者知道結果，甚至獲得參與機會（如折扣、邀請、共同產出權益）。

人脈的「轉化」不是商業化，而是資源合作化

有些人對人脈「資產化」一詞感到抗拒，認為那會讓關係變得功利。然而，我們要強調的是：

人脈的轉化不是「換錢」，而是讓關係能「轉成有意義的結果」。

這些結果可能包括：

- 啟動一個專案；
- 創造一次跨界合作；
- 帶來新學習或觀點；
- 撼動既有慣性，產生自我刷新。

真正高階的人脈經營者，懂得讓信任不只是關係，而是驅動未來的能量。

第十五章　人脈系統的長期資產化策略

> **真實案例：從個人顧問到人脈系統化的社群創辦人**

吳珮婷是一位原本在臺灣擔任自由簡報教練的顧問，她的客戶多為科技與設計產業的中階主管。早期她的營運模式是「高互動、低擴張」——每月三到五位個案，親自指導、個別設計課程。

三年後，她感到瓶頸：時間用盡、價值擴張有限、人脈維繫靠記憶與 LINE。

她花半年時間，將個人教學經驗系統化為三種模組：

- **三階段學習流程**：先思考框架、再圖像化思維、最後行動演練；
- **三種教練角色設計**：初階學員配一位社群中進階學員作為共學教練；
- **人脈轉介機制**：透過「簡報推薦人」計畫，讓學員可推薦同領域夥伴報名，推薦人可優先參與進階共創課程。

她的人脈關係也隨著制度化而開始轉化：

- 學員開始不是「消費者」，而是「合作者」；
- 她的教學不再只是她一個人做，而是「可授權給他人做」；
- 她的信任不再只有一對一的互動，而是「由社群代理再生的信任」。

她說：

「當你可以不在場，別人還能正確地轉述你、使用你、延伸你，那就是你真正的人脈資產系統。」

讓關係變成可用資源，才是真正的人脈自由

「你的人脈不是你認識幾個人，而是有多少關係已成為能合作、能再生、能轉化的資源體系。」

從今天起，請問自己：

- 我的關係網裡，有多少是可以模組化運作的角色？
- 我是否曾設計過讓他人「使用我」的方式？
- 我的信任，是否可以在沒有我在場的情況下，仍然被延伸與實踐？

當你的人脈不再只是通訊錄中的名字，而是可複製、可授權、可創造未來價值的網絡，你就真正建立起**具策略性、可長期運作的人脈資產系統**。

■ 第十五章　人脈系統的長期資產化策略

第二節　建立個人品牌與人脈系統的協同效應

「品牌是一種記憶的設計，而人脈是一種信任的流通。當兩者互為引擎，你就創造了不靠自己也能成長的系統。」

——賽斯・高汀（Seth Godin）

當個人品牌不只是行銷，而是關係的一部分

在這個自媒體時代，我們談個人品牌談得很多，談人脈系統也不陌生。然而，真正高階的策略，不是把這兩件事拆開運作，而是**讓個人品牌與人脈關係形成一種彼此推動的正向循環**。

許多人將個人品牌視為對外行銷的工具，將人脈經營視為內部支持的網絡，卻忽略：

當你的人脈看見你穩定、清晰的品牌表現，就更願意推薦你；

當你的品牌形象中有強大的人脈參與，就更容易建立社會信任。

本節，我們將深入說明：

- ■ 個人品牌與人脈系統如何形成「協同增效」；
- ■ 三種經典模式的成功架構；
- ■ 設計互為增強機制的實務做法與真實案例。

個人品牌與人脈系統的互為驅動模型

我們可以將兩者的互動,視為一套「品牌－人脈共生循環」:

- **品牌明確→增加人脈辨識與轉介率**
- **人脈參與→增強品牌的真實感與社會認證**
- **品牌成果→回饋人脈網絡,形成貢獻循環**
- **人脈再傳播→擴大品牌影響力,觸及新群體**

這樣的正向循環,不僅強化你在特定領域的專業辨識度,也讓人際關係不再只是支持你,而是成為**共創你品牌價值的參與者**。

三種個人品牌 × 人脈系統的典型運作模式

模式一:內容驅動型

適合對象:自媒體經營者、創作者、顧問、教育者

架構:

- 以穩定輸出的內容為品牌基礎(文章、影片、Podcast);
- 內容中納入人脈見證、對話、推薦或共創(如引用好友觀點、合作對談);
- 透過內容觸及新關係 →再以內容讓人脈回流參與與互動。

案例參考:

劉子齊是一位自由寫作教練,每週固定發表關於寫作思維與職涯規

第十五章　人脈系統的長期資產化策略

劃的電子報。他會在信中引用學生的提問、讀者的心得留言，或合作夥伴的觀點，並標注其社群帳號，形成「內容即是人脈地圖」的結構，讓每一次輸出同時強化品牌與人際連結。

模式二：社群共創型

適合對象：社群主理人、策展人、教育計畫主持人

架構：

- 以品牌核心主題為旗幟（如「設計思考」、「青年職涯」）；
- 建立聚集人脈的社群基地（實體共學／線上 Slack ／ Telegram 群）；
- 鼓勵人脈在其中共創內容、產出觀點、合作計畫；
- 品牌因此具備「群體知識」感與更強社會信任。

案例參考：

臺灣的社群創業者洪睿婷創辦「合作基地」計畫，專注推動青年地方創生。她以個人品牌形象聚焦於「陪伴地方行動者養成」，並設計一套讓夥伴能共寫專欄、共建議題庫、共推工作坊的參與機制，使她的品牌影響力不是靠「她自己說」，而是靠「一群人一起說」。

模式三：成果共享型

適合對象：顧問、專案型工作者、教練、創業者

架構：

- 品牌建立在專案成果或客戶轉化故事上；
- 這些成果中有顯著的「人脈貢獻成分」（轉介紹、共同完成）；
- 成果展示同時是對人脈的回饋與證明；

第二節　建立個人品牌與人脈系統的協同效應

■ 人脈因此更願主動推薦，信任度更高。

案例參考：

日本設計顧問青山將每一位合作過的品牌故事製作成「成果手記」，記錄從初談到品牌形象重塑的過程，並附上合作對象的訪談摘要與後續成果。這些手記不僅是她品牌的「內容資產」，也是人脈的「見證資產」。

協同效應的設計三要素

若想讓你的個人品牌與人脈系統形成雙向推動力，以下三項關鍵設計不能少：

1. 可參與性：讓人脈能「進場」你的品牌建構

操作策略：

■ 設計品牌敘述模板讓朋友能精準介紹你；
■ 在內容輸出中引用與標注他人；
■ 將他人邀請進品牌共創（如聯名計畫、共同直播、對談短片）。

提醒：不要讓品牌變成「只有你在說」，而是「大家願意參與一起說」。

2. 可回饋性：讓人脈知道「他對你有幫助」，而不是只是關係

操作策略：

■ 每季寫一次「品牌感謝信」，公開致謝協助你成長的人；

■ 第十五章　人脈系統的長期資產化策略

- 在專案總結中附上「感謝名單」；
- 主動提供回饋與曝光回饋給曾幫你推薦的人脈夥伴。

提醒：關係需要循環，回饋才會持續發生。

3. 可再生性：讓每次參與都能產生「下一次的合作可能」

操作策略：

- 與合作過的人定期重新對齊：「這次合作後，我們還能一起做什麼？」
- 將品牌轉為平臺，設計角色與階段進程（如成為夥伴／共筆者／小組帶領者）；
- 善用「成果公開化」，讓其他人看見後願意主動加入。

提醒：品牌不是結束，而是讓人想持續靠近與再進化的邀請函。

真實案例：如何從個人形象走向人脈加速器？

謝承恩是一位專注於「數位轉型講師養成」的培訓顧問。初期，他的品牌僅限於自己主講課程、出版教學書籍、建立線上內容。他的人脈雖廣，但互動淺、推薦效率低。

他開始重新設計他的個人品牌 × 人脈系統架構：

重塑品牌定位語句：

「我不是教你當講師，而是幫你建構屬於你自己的教學商模。」

建立社群參與機制：

成立「數位教學創業小群」，邀請有潛力的講師一起共筆觀察；

每月一次主題對談會，設計共創提問與資料輸出流程。

公開成果再強化信任：

將所有參與者在共筆中的成果收錄為年度出版手冊；

與合作過的講師進行 Podcast 對談，公開彼此的成長與合作模式。

不到一年，他的課程從單打獨鬥，變成一套可轉介、可合作、可品牌共生的教學生態。他說：

「當你的品牌能讓人參與、能產生成果、也能讓人一起說，那就不只是品牌，而是一個信任的平臺。」

從「我有品牌」到「我們的品牌」

「真正長久的品牌，不是自己說自己好，而是一群人幫你說，而且說得真心。」

從今天起，請問自己：

- 我的品牌語言是否足以讓他人輕鬆轉述？
- 我的內容輸出是否設計了人脈的參與入口？
- 我的成果中，是否有對人脈參與的回饋與邀請？

當你的品牌與人脈形成協同效應，你的人際關係就不再只是依賴好感維繫，而是一種可持續、可參與、可擴張的品牌信任網絡。

■第十五章　人脈系統的長期資產化策略

第三節　設計人脈平臺化的實作架構

「平臺不是一群人聚在一起，而是有系統地讓人進來、互動、貢獻、離開，並持續生長。」

—— 馬丁・卡薩多（Martin Casado）

當人脈變成一套運行中的平臺機制

當我們談「人脈平臺化」，不是在談建立社群媒體帳號、成立 LINE 群組、開一場又一場聚會。而是**將原本依靠直覺與臨場互動維持的關係，升級為可規模化、可治理、可持續的人際系統。**

真正的「人脈平臺」，是一套讓關係：

- 能主動靠近；
- 能知道怎麼參與；
- 能在互動中創造價值；
- 並能在沒有你親自經營的情況下，仍然運作的機制。

本節我們將說明：

- 人脈平臺化的五大核心架構；
- 平臺角色的功能與治理邏輯；
- 如何實作一套屬於你的「人脈平臺系統」。

第三節　設計人脈平臺化的實作架構

從人脈網絡到人脈平臺的轉換關鍵

傳統的人脈網絡仰賴「你在場」、「你主動」，而平臺化的關鍵在於**系統設計與角色自主性**。

類型	傳統人脈網絡	平臺化人脈系統
依賴模式	人際互動、記憶、情感	機制、流程、角色設計
維繫方式	見面、私訊、聚會	任務參與、內容共創、資源交換
成長邏輯	擴散型：靠你推薦	自轉型：靠他人間的互動擴大
治理方式	你說了算	多角色共構與動態規則

人脈平臺的五大核心架構設計

1. 進場門檻（Entry Design）

核心目的：讓外部人知道如何進入平臺，並了解參與規則。

實作方式：

- 設計清楚的「平臺主張」與價值敘述；
- 建立入門流程：如引導信、說明頁、入群任務；
- 設置「接待角色」：如資深會員、迎新夥伴、社群導師。

2. 角色設計（Role System）

核心目的：讓每個人都知道自己能扮演的功能與互動邊界。

常見角色結構：

- **參與者**：消費內容、參與活動；
- **共創者**：提供專業、回饋、內容；
- **策展者**：負責小主題、小群維護；
- **發起人**：創造事件、連結人脈、設定方向。

原則：每個角色皆有「可晉升機制」，形成流動結構。

3. 任務機制（Task Flow）

核心目的：讓人知道「要做什麼」，才不會形成沉默社群。

任務類型：

- 入門任務（完成個人介紹、參與第一次共筆）；
- 常規任務（每月挑戰、互相推薦、回饋設計）；
- 專案任務（共寫手冊、舉辦聚會、共學引導）；

套用週期：每月一挑戰／每季一產出／每半年一次更新。

4. 回饋機制（Feedback Loop）

核心目的：讓參與者感受到貢獻被看見，提升黏著與信任。

常見回饋設計：

- 視覺化儀表板：如任務完成榜、推薦榜；

- 認可儀式：月之星／內容之選／推薦王；
- 實質回饋：課程折扣、內部資源優先參與權、品牌曝光等。

5. 擴散節點（Growth Node）

核心目的：讓平臺自然擴張，而非靠你單點推廣。

實作策略：

- 推薦制度：每邀請一人可解鎖新內容；
- 共同創作：他人可轉載、合作發表；
- 分區發展：讓群體中有子社群／地區據點／主題組織。

打造人脈平臺的三大步驟

第一步：設計你的「人脈系統主張」

問自己：

- 我的人脈平臺是要推動什麼樣的價值？
- 我想聚集哪些人？他們之間能創造什麼？
- 我願意讓別人在這個平臺中擁有多少自主性？

實作範例：

「我想打造一個聚集自由創作者的共學平臺，讓他們彼此觀摩、挑戰與成長，而不是各自單打獨鬥。」

第二步：設定角色 × 任務的互動矩陣

做法：

- 將所有參與者分為三種角色；
- 為每個角色設定月任務、季挑戰、年成果；
- 設計「角色晉升／轉換」條件，讓參與感具有成長性。

示意表格：

角色	每月任務	季度挑戰	年度目標
參與者	完成 1 次討論留言	參加 1 場線上共學會	成為活躍回饋會員
共創者	提供 1 份內容草案	主持 1 場線上實作分享會	成為內容共同策展人
策展者	設計主題月計畫	帶領一次跨社群合作計畫	培育出 2 位新任共創者

第三步：建立你的人脈平臺數位運作介面

平臺工具選擇：

- 社群平臺：Slack ／ Discord ／ Facebook 群組；
- 任務追蹤：Notion ／ Trello ／ Airtable；
- 成果發布：Medium ／網站／ Podcast ／共筆站；
- 邀請與授權：Form 表單／小幫手系統／身分驗證工具。

第三節　設計人脈平臺化的實作架構

建議流程：

- 新人加入→完成入門任務 →分配角色身分
- 每月發布任務內容→引導參與 →回收成果 →發表與標記
- 每季舉辦「貢獻者回饋日」→分享成果、邀請下一波參與者

真實案例：從個人社群到開放式人脈平臺的轉變

簡子雯是一位專精於永續議題的設計顧問，起初她經營的是一個內容型個人品牌：「設計減法」，聚焦於簡約生活與社會設計。她固定每週分享文章、每月舉辦一場線上討論會。

兩年後，她開始思考：我能否將這些參與者的能量變成一個可共創的平臺？

她進行了以下調整：

- 設計三種角色：「關注者」、「共學者」、「策展者」；
- 每月推出「永續生活行動任務」，如：減塑挑戰、慢購清單；
- 讓共學者可成為地區活動主辦者，並設計地區小組；
- 策展者可提案主題月，並邀請其他人參與內容產出。

現在，「設計減法」不再是她一人的品牌，而是約有 200 位長期參與者的共學平臺，有人自發開設 Podcast，有人與她共寫文章，有人主動舉辦讀書會。

■第十五章　人脈系統的長期資產化策略

她說：

「人脈平臺化不是社群變大，而是價值變成別人也能用的工具，讓你不是一個人維繫一群人，而是一群人一起維繫這個價值。」

人脈平臺的力量，不是廣，而是讓信任自動運行

「當人們知道怎麼靠近你、怎麼參與你、怎麼貢獻你、甚至怎麼帶走你的一部分價值時，你就真正打造了一個可長久的人脈平臺。」

從今天起，請問自己：

- 我的關係是被我親自經營，還是可以被他人合作經營？
- 我的社群參與方式是否有角色、任務與成果節奏？
- 我的價值是否能被人帶走、延伸、變形、轉述？

當你設計出這樣一套平臺系統，人脈就不再是你「努力維持」的結果，而是你「設計好就會長出來」的信任生態。

第四節　沉浸式故事理論解說：關係即平臺的人脈資產進化論

「你不需要成為一個平臺，你的信任與價值，只要設計得好，就能成為讓人想留下、願意再回來的場所。」

—— 凱瑟琳・芮森（Katherine Raisen）

一段靠關係起家的服務，如何變成無需在場的信任網絡？

黃少岑是一位品牌策略顧問，在創業初期完全仰賴一對一諮詢與人脈轉介起家。他擅長用深度對談發掘客戶的品牌故事，建立有生命感的視覺與文字系統。五年間，他協助超過一百個創業品牌成功進入市場，口碑極佳。

但當業務量持續擴張，他發現：

- 自己的時間成為最大瓶頸；
- 許多新客戶來自過往推薦，卻無法第一時間消化需求；
- 自己的品牌變成了「非得本人參與才有價值」的困局。

這樣的成長模式，使他不得不思考：

「我的關係很強，但它們都是一對一的，沒有系統，也無法自動運行。我要怎麼把這些信任，變成一個可以共用的資產？」

■第十五章　人脈系統的長期資產化策略

第一幕：從諮詢服務走向「夥伴共創場域」

起初，少岑的嘗試很簡單——他成立一個名為「品牌共創室」的私密社群，邀請過往合作過的創業者加入，彼此交流品牌經營的經驗。

他原本以為只要人湊齊，就能自動形成活絡的圈子。但實際運行三個月後他發現：

成員之間不太互動；

多數人仍期待「少岑本人主持對話」；

沒有清楚的任務或角色劃分，導致場域無法自我運作。

他意識到，「關係的堆疊」≠「平臺的形成」。要讓信任變成平臺，**必須設計讓人知道怎麼進來、怎麼參與、怎麼留下、怎麼貢獻的機制。**

第二幕：設計「平臺邏輯」的四層架構

少岑邀請了幾位深度合作過的客戶與好友，一起進行平臺重建，他們設計了以下四個層級：

層級一：**參與層**

任務：每月一主題，參與者可選擇寫一篇品牌經驗分享、參加線上交流會或回饋他人內容。

目標：建立進場儀式感與輕度互動頻率。

第四節　沉浸式故事理論解說：關係即平臺的人脈資產進化論

層級二：共創層

任務：每季策劃一個主題專案（如品牌改版黑客松），參與者須組隊完成一份簡報成果。

目標：由參與進入貢獻，產出視覺化成果。

層級三：策展層

任務：有能力者可提案帶領下一季共創主題，並帶領新人加入。

目標：建立平臺的自我更新與主題自發能力。

層級四：夥伴層

任務：這些人不只是參與，而是品牌共構者。少岑與他們進行策略合作、聯名出版、共辦課程等。

目標：形成高信任的品牌經營圈，共享聲響與資源。

透過這個結構，少岑的人脈不再只是單點支援，而是一個**分層、可移動、可升級的互動系統**。

第三幕：讓信任自動轉化的實踐機制

除了結構，他也設計了三個信任轉化的策略節點：

1. 信任語言庫

他蒐集過往百位客戶對他的描述，整理成「介紹少岑的語言集」，如：

「他總是用一種不批判的方式，逼你正視你想逃避的品牌真相」；

第十五章　人脈系統的長期資產化策略

「如果你想知道你品牌在市場裡真正的位置，問他。」

他將這些語句做成推薦卡，放在社群中供成員轉發使用，也成為新夥伴介紹他的統一素材。

2. 參與者筆記集

每次共創結束，他會邀請參與者整理一份「我在這次共創中學到的三件事」，由平臺統整成 PDF 手冊，供公開下載並收錄夥伴介紹。

這讓「你在這裡的貢獻」，可以成為你的專業履歷一部分。

3. 合作透明表

每季更新「少岑這季合作了誰、做了什麼、產出了什麼」，每項專案都標記參與者、負責人、成果連結，建立「信任可查證、可轉介」的社會證明。

第四幕：品牌從「一人品牌」走向「多點信任平臺」

不到一年，他的「品牌共創室」成為一個自動化信任平臺，具備以下特徵：

- 任何一位新進成員皆可從「他人推薦語」認識平臺；
- 加入者可依能力與時間，選擇自己的參與深度；
- 優秀貢獻者會被公開表揚並納入共創；
- 每一季會有新的主題、帶領者、產出成果，平臺不再依賴創辦人親自操作。

第四節　沉浸式故事理論解說：關係即平臺的人脈資產進化論

最重要的是：

他的品牌再也不只是「黃少岑」，而是一群信任他、延伸他、共同擴大他價值的「品牌網絡」。

你不是平臺，但你可以設計出讓信任自我延伸的生態

「**關係的終點不是擁有，而是變成別人可以參與的平臺。**」

從今天起，請問自己：

- 我的信任還需要我親自兜底，還是可以透過系統自動運行？
- 我的合作關係是否能變成一種角色設計？
- 我的價值是否能成為他人也能主張、演繹與傳播的養分？

當你不再只是維繫關係，而是讓關係自己長出參與、演化與治理的能力，你的人脈就從個人資源變成**可以接棒、可放大、可世代延續的平臺資產**。

■第十五章　人脈系統的長期資產化策略

後記
關係不是擁有，
而是設計出讓彼此願意留下的場域

◎人脈不是數量，而是結構

《人脈策略術》這本書不只是教你如何「拓展人脈」，而是從根本觀念出發，重新定義了什麼叫「有價值的關係」。我們經常誤以為人脈是多認識一些人、多累積一些名片，卻忽略了關係本質的三個關鍵要素：**信任、互惠、長期性**。

書中一再強調，人脈應該是一種「資產結構」，就像投資組合一樣，你需要分散風險、建立多元價值來源、設計互補功能。而真正的人脈高手，不是擅長交朋友，而是擅長**創造讓人想靠近、願意參與、會主動推薦的系統場域**。

◎人脈不是自然發生，而是策略行動

全書分為十五章，逐步拆解了建立、深化、維繫、擴張與轉化人脈的各種面向與策略。每一章不只是理論講解，更融合了大量行動工具、角色設計與真實案例，讓讀者能根據自身需求制定出個人化的人脈策略圖。

例如：

在初期章節中，作者強調**價值主張的清晰定位**是開啟關係的第一步。當你無法讓人理解你是誰、能提供什麼、為何值得信任，人脈關係就難以持續。

接著書中帶領讀者學會打造**可以複製的關係節奏**——設計可重複互

■ 後記　關係不是擁有，而是設計出讓彼此願意留下的場域

動的場域，如共學小組、線上社群、內容輸出平臺，並透過可參與的形式讓信任自然繁殖。

書中進一步指出，**辨識關鍵人脈與錯誤迷思**同樣重要。有時我們太容易被影響力大、關係表面熱絡的人吸引，而忽略了真正能提供穩定支持與價值交換的長尾關係人。

◎關係是場域，不是名單

全書最重要的核心之一，是將人脈轉化為一種**場域思維**。傳統人脈觀是把人「加進名單」，而這本書教的是如何「建構關係發生的場域」，讓人進來之後感覺安全、有角色、有貢獻、有留下來的理由。

這樣的場域可能是一個固定聚會、一個具有共通語言的社群、一個能讓人主動轉介你的內容品牌。只要場域設計得宜，你的人脈將不再仰賴「你主動出擊」，而會進入一種自我繁殖的信任機制。

◎從信任建構到合作深化的進階設計

後段章節聚焦在**深化合作關係與長期維繫機制**。書中特別強調：「關係不是有了信任就萬事無憂，而是需要持續更新彼此價值感與互動模式。」

這裡書中引入「價值重置」與「耐震關係設計」的概念，幫助你在遇到合作疲乏、角色模糊、關係變化時，有一套系統性的方法可以重新對話、重新命名彼此關係。例如：

■ 關係回顧儀式：定期用里程碑對談重申彼此歷程；
■ 角色交換練習：從對方視角重新理解合作經驗；
■ 信任破口修補策略：面對衝突或疏離時，如何重建對話節奏。

◎從實體轉向數位的人脈工程

隨著數位社群與遠距合作的崛起，書中專設兩章探討**如何在線上空間建立真正的信任關係**。不再只是經營粉絲頁，而是建立一個具有「可預期行為軌跡」與「社群參與儀式」的數位人脈場域。

這部分包括：

- 如何設計社群節奏與互動儀式；
- 如何設定個人化的運行頻率，避免創作者疲乏；
- 如何打造具有共創機會的行動場，如 Podcast 社群、共學挑戰、小型內容發起平臺。

書中案例如插畫師、Podcast 主持人、設計顧問等角色，不僅讓內容更有感，也讓讀者能在不同產業背景中套用自身情境。

◎人脈最終是一種價值交換的能力

回到本書最終章的精神，人脈不是一種關係數量的比拚，而是一種**你能否被參與、被信任、被轉介的能力總和**。

這能力來自於：

- 你是否清楚知道你能提供什麼價值；
- 你是否能創造他人願意參與的場域與互動方式；
- 你是否持續更新自己、更新關係，讓彼此感覺這段連結值得長久經營。

最終，人脈不該是一場「推銷自己」的競賽，而是一場「建構彼此願意留下來的生態系統」的工程。

■後記　關係不是擁有，而是設計出讓彼此願意留下的場域

◎**關係的未來，是設計出讓人願意靠近的節奏**

《人脈策略術》不是一套社交技巧速成術，而是一份深刻的行為設計手冊，它教會我們如何用誠意與結構打造出一段段可複製、可延伸、可長久的信任關係。

所以最後，再一次提醒這本書的主旨──

「關係不是擁有，而是設計出讓彼此願意留下的場域。」

如果你願意用設計思維經營信任，用策略邏輯轉化互動，那麼你的人脈將不只是你的資產，而是你價值最堅實的見證。

附錄
《人脈策略術》英文專有名詞彙整

英文專有名詞	中文解釋
Relationship Value Proposition (RVP)	人脈價值主張,個人在關係中欲傳遞的價值與合作動機
Trust Loop	信任循環,透過行動與回饋不斷加深信任的行為機制
Action Arena	行動場域,讓人能參與、貢獻並延伸關係的空間設計
Social Rhythm	社群節奏,指社群互動頻率與情緒連結的運行模式
Digital Presence	數位存在感,指個人在數位場域中的穩定能見度與互動度
Community Design	社群設計,透過結構與角色創造互動與信任場域
Trust Anchor	信任錨點,讓人快速產生信任的行為或內容
Role Reframing	角色重塑,重新定義在關係網絡中的位置與功能
Relational Capital	關係資本,基於信任、互惠與長期性的人脈累積
Engagement Loop	參與循環,設計互動、參與與持續連結的邏輯
Connection Blueprint	連結藍圖,系統性設計與他人建立關係的策略圖

附錄 《人脈策略術》英文專有名詞彙整

英文專有名詞	中文解釋
Influence Map	影響地圖,用來辨識關鍵影響者與網絡關係分布
Trust Architecture	信任架構,關係中信任如何建立與維繫的結構設計
Value Repositioning	價值重置,重新定義彼此在關係中的價值與貢獻方式
Presence Loop	存在循環,透過穩定出現與互動讓他人不忘記你
Contact Funnel	接觸漏斗,將陌生人轉化為互動者與合作夥伴的過程
Anchor Content	錨定內容,傳遞核心價值與建立信任的主軸內容
Interaction Design	互動設計,設計出讓人願意互動的內容與格式
Trust Rituals	信任儀式,透過固定互動節奏強化情感與認同
Value Loop	價值循環,從貢獻→回饋→強化的互惠動能系統
Connection Trigger	連結觸發器,引發他人主動接近與建立連結的行動
Reciprocal Visibility	互惠可見性,在公開場域中彼此標注與推薦
Network Handoff	人脈接力,將信任導入下一位關係人身上的設計
Micro Collaboration	微型合作,低風險測試雙方契合度的小型專案
Trust Migration	信任遷移,將既有信任延伸到新角色或新專案

英文專有名詞	中文解釋
Role Resonance	角色共鳴，彼此在合作中產生互補或共創動能
Participation Signal	參與訊號，透過互動顯示你仍在網絡中活躍
Onboarding Loop	新手循環，設計新成員快速融入社群的機制
Digital Warmth	數位溫度，傳遞真誠與人味的數位表達能力
Connection Renewal	關係更新，讓長期關係透過回顧與重整延續
Boundary Spanning	邊界跨越，指在不同社群、領域或網絡中建立連結與橋接的能力
Trust Threshold	信任門檻，指人際關係中從觀望到產生信任所需的最小條件
Connection Decay	關係衰減，長期未互動關係的信任與黏著度自然下降現象
Mutual Visibility	相互可見性，雙方在社群中持續彼此提及與回應的程度
Digital Handshake	數位握手，線上互動中首次建立初步信任的關鍵行為
Proximity Bias	接近偏誤，人傾向信任與自己互動頻率或距離較近者
Credibility Cue	可信線索，指在數位溝通中傳遞專業與誠信的非語言線索
Latency Window	回應延遲視窗，使用者在訊息未回前的容忍時間區間
Reputation Layer	聲譽層，社群中對某人過往行為與表現的集體印象

附錄　《人脈策略術》英文專有名詞彙整

英文專有名詞	中文解釋
Social Proofing	社會認同作用，來自他人肯定會提升信任的心理機制
Trust Escalation	信任升階，從初步信任進入合作信任的過渡階段
Reciprocity Engine	互惠引擎，設計人際網絡中互利互動的行為機制
Invisible Labor	無形勞務，維繫社群信任中未被明確看見但關鍵的努力
Relational Density	關係密度，網絡中人際互動的頻率與深度總合
Network Liquidity	網絡流動性，關係中資訊、資源與信任轉移的速度與彈性
Bridge Tie	橋接連結，連結兩個群體或社群間的關鍵人物
Bonding Capital	情感資本，來自深度互動與親密關係的信任累積
Bridging Capital	橋接資本，來自跨圈層與弱連結的資訊與資源互通
Interaction Ritual	互動儀式，社群中強化歸屬與認同的固定互動結構
Consistency Signal	一致性訊號，讓人相信你行為與價值穩定的表現
Credibility Scaffold	可信架構，系統性建構可信任印象的言行結構
Sociometric Data	社會互動數據，衡量社群互動與人脈關係的資料來源
Influence Loop	影響循環，從啟發→參與→擴散的關係驅動路徑

英文專有名詞	中文解釋
Trust Ladder	信任階梯，從觀察、接觸、互動到承諾的進階歷程
Cohesion Metric	凝聚指標，評估社群中成員之間的情感黏著程度
Network Mapping	人脈地圖繪製，將關係結構視覺化的策略方法
Shared Language	共同語言，社群中形成的文化認同與行動代碼
Relational Turnover	關係流動率，一段時間內人脈網絡的變動比例
Collaboration Threshold	合作門檻，促使雙方進入合作的最小信任標準
Affinity Group	興趣圈層，基於共同喜好建立的關係子群
Intentional Follow-Up	有意追蹤，刻意規劃的關係維繫行動
Public Endorsement	公開支持，在社群平臺上主動推薦他人
Touchpoint Design	接觸點設計，讓人與你建立連結的介面策略
Recognition Loop	認同循環，透過肯定與感謝建立歸屬與信任
Signal Amplification	訊號放大，使特定價值或動作被社群擴散的機制
Visibility Ratio	可見性比率，社群中你曝光與互動的平衡值
Referability Factor	可轉介係數，他人是否願意介紹你給第三者的傾向
Digital Gratitude	數位感謝，在線上場域中表達回饋與感激的社群文化

■附錄 《人脈策略術》英文專有名詞彙整

英文專有名詞	中文解釋
Interaction Trace	互動痕跡,社群中可被觀察的行為紀錄
Trust Asymmetry	信任不對稱,雙方對彼此信任程度的不一致狀態
Role Friction	角色摩擦,因角色認知不同導致合作產生障礙
Escalation Path	升溫路徑,從第一次互動到深度連結的過程曲線
Digital Credibility	數位可信力,在線上建立個人公信力的組合因素
Community Coherence	社群一致性,成員價值觀與行為節奏的一致程度
Trust Recovery	信任修復,破裂關係中的重建行為與歷程
Collaborative Density	合作密度,社群中真實發生過的共創數量與頻率
Interpersonal Leverage	人際槓桿,透過一人連動多方網絡的影響力操作
Social Capital Flow	社會資本流動,信任、資源在人脈網絡間的流通速度
Ritual Participation	儀式參與度,成員參與社群固定活動的頻率
Role Velocity	角色變速率,關係中角色演變或功能轉換的速度
Interaction Parity	互動對等性,關係中是否雙向付出與回應
Value Recognition Delay	價值辨識延遲,他人發現你貢獻的時間差

英文專有名詞	中文解釋
Network Health Index	人脈健康指數，衡量整體關係活性與穩定的指標
Silent Loyalty	沉默忠誠，雖然不常互動但仍默默支持的關係類型
Reciprocity Memory	互惠記憶，對他人曾給予支持的長期記錄與回應機制

人脈策略術：
打造關係資本的十五堂智慧課

作　　者：周晴安	
發 行 人：黃振庭	
出 版 者：山頂視角文化事業有限公司	
發 行 者：山頂視角文化事業有限公司	
E - m a i l：sonbookservice@gmail.com	
粉 絲 頁：https://www.facebook.com/sonbookss	
網　　址：https://sonbook.net/	
地　　址：台北市中正區重慶南路一段 61 號 8 樓	
8F., No.61, Sec. 1, Chongqing S. Rd., Zhongzheng Dist., Taipei City 100, Taiwan	
電　　話：(02)2370-3310	
傳　　真：(02)2388-1990	
印　　刷：京峯數位服務有限公司	
律師顧問：廣華律師事務所 張珮琦律師	

-版權聲明-

本書作者使用 AI 協作，若有其他相關權利及授權需求請與本公司聯繫。

未經書面許可，不得複製、發行。

定　　價：520 元
發行日期：2025 年 06 月第一版
◎本書以 POD 印製

國家圖書館出版品預行編目資料

人脈策略術：打造關係資本的十五堂智慧課 / 周晴安 著 . -- 第一版 . -- 臺北市：山頂視角文化事業有限公司, 2025.06
面；　公分
POD 版
ISBN 978-626-7709-16-0(平裝)
1.CST: 人際關係 2.CST: 成功法
177.3　　　　　114007079

電子書購買

爽讀 APP　　　臉書